新聞は考える武器になる

——池上流新聞の読み方

池上 彰

祥伝社黄金文庫

文庫版はじめに

新聞の発行部数の減少が止まりません。全国紙も地方紙も、おしなべて部数を減らしています。紙の新聞の部数が減っている分、電子版を増やそうという努力も続いていますが、うまくいっているのは日本経済新聞だけです。株への投資などお金に関わる情報を得ようとする人は、費用がかかっても電子版の購読にお金を払うのですね。

部数が減少し、広告収入もネットにとられて減少傾向が続くので、新聞業界に明るい話題はありません。

でも、売り上げ減少分を不動産経営でカバーしようという動きもあります。これを邪道と考えるのか、新聞発行という本来の目的を達成するために必要な取り組みと考えるのか、人によって判断は分かれるでしょうが、少なくともジャーナリズムとしての任務を継続するためであれば、あらゆる可能性を追求すべきだと思います。

2020年以降、新型コロナウイルスの蔓延で、私たちの暮らしは大きく変わりました。在宅勤務に切り替えた会社も多く、社員は出勤しないでよくなりました。その結果は、キヨスクで新聞が全く売れなくなってしまったことです。

また、対面での取材が難しくなって結果、スポーツ紙の芸能担当記者たちは困ったのでしょうね、「コタツ記事」が激増しました。コタツ記事とは安易な取材のこと。記者がコタツに入ったままテレビを見て、出演しているキャスターやコメンテーターの発言を書き写すという類《たぐい》のことです。

テレビで誰かが発言したことを、そのまま書き写す。素人でもできることだと思いませんか。

あるいは、芸能人の交際報道やスキャンダル報道など、テレビや『週刊文春』を読んでいれば書けるレベルの記事がネット上にあふれました。

本来は、プロとしてやってはいけないことばかり。そんな恥じらいもなくなってしまいました。その背景には、新聞社がコストを負担しきれなくなっている現

状があるのでしょう。さまざまな取材相手に会いに行けば、交通費がかかりま
す。記者も在宅勤務で原稿を量産すれば、「コスパがいい」ということになって
しまいます。新聞大好き人間の私としては、残念なことです。

それだけに、じっくり取材したことがわかる珠玉の記事を見つけると、嬉しく
なります。中には、決してコストをかけなくても書ける良質な記事に出合うこと
もあります。だから新聞はやめられないのです。

そんな新聞好きの私に新聞を読み比べ、縦横に筆を振るってもらって構わない
という機会を与えてくれたのが、朝日新聞でした。「池上彰の新聞ななめ読み」
と題して連載を続けていました。それが、ある事件をきっかけに大騒動となり、
朝日新聞もライバル紙も部数を大きく減らすことになりました。その顛末は本文
をお読みください。

いったんは連載がストップしたものの、再び連載を続け、途中までの連載をま
とめたのが、この文庫の元になった単行本です。2016年から2019年まで
をまとめて出版しましたが、その後の2021年分までの連載分を追加して、こ
の文庫本になりました。

新聞を購読する人が減ったことで、新聞の読み方がわからなくなっている若者も増えています。そこで、「このように新聞を詠み比べると面白いよ」とでも言うべきアドバイスの連発になってしまいました。

それでも、新聞を読む人が減ったことで、新聞を読んでいるだけで他人に差をつけることが可能になったのです。このチャンスを生かそうではありませんか。

新聞の世界にようこそ。

2023年5月

ジャーナリスト　池上　彰

はじめに

新聞に未来はあるのでしょうか。

先日、ある新聞記者に、同僚たちが将来に見切りをつけて次々に転職しているという話を聞きました。自分も不安で、新聞に果たして未来はあるのか、という相談でした。

私は、こう答えました。

これまで日本での新聞発行部数が過大すぎた、と。日本は宅配制度に支えられて、世界でも稀《まれ》な発行部数を維持してきました。日本のどこにいても、新聞販売店が、雨の日も雪の日も自宅に新聞を届けてくれています。その結果、新聞を購読するのが慣習になっていたのです。しかし、ネットの普及で、「新聞を購読する必要があるのか」という疑問が拡大しました。

それでも新聞は必要だ、と私は思います。あなたがネットで得られるニュースの多くは、新聞社が取材した記事です。新聞社が消えてしまったら、ネットに新聞社から配信される記事もなくなってしまいます。

新聞記者たちは、取材の仕方から原稿の書き方、事実関係の確認について、厳しく指導されて育ってきました。そのためには費用もかかります。こうした努力があってこそ、良質な記事が生まれるのです。

最近はネット専業のニュースメディアも登場しています。おやっと思うような新鮮な視点の記事も配信されます。その一方で、「テレビのワイドショーでのタレントの発言が炎上した」という類のニュースが激増しています。ネットニュースのメディアは取材にコストをかけるだけの経営的な余裕がありません。少数の記者がテレビ番組を見て〝ニュース〟に仕立てるという手法が広がりました。

こうした〝ニュース〟がネットで配信されると、「これがニュースだ」と思ってしまう人も増えるでしょう。国会での予算委員会が長らく開かれず、内閣の方針が国民に知らされない。疑惑が明らかになった政治家が記者会見も開かない。こうしたニュースは関心を呼ばなくなりました。

これで果たして民主主義社会は維持できるのか。私は、それが心配です。アメリカでは、ネットに押されて多数の地方紙が姿を消しました。地方紙がなくなった地域では、選挙の投票率が激減しています。住民が、選挙が行なわれることを知る手段がなくなったからです。地方政治を監視する新聞記者がいなくなり、地方の首長や議員たちが自分たちの報酬をお手盛りで引き上げていたことが明らかになったケースもあります。

こんな現実を見ると、新聞というのは、民主主義を支えるインフラだと痛感します。

とはいえ、新聞社の側にも問題があります。記者たちが間違ったエリート意識を持ち、世の中の常識から乖離《かいり》したり、専門用語を駆使して読者が理解できない記事を書いたり、間違ったことを報じても間違いを認めなかったり。そんなことを続けていたら、新聞が読者から見放されるのは当然のことでしょう。

それではいけない。そんな思いから、朝日新聞で「池上彰の新聞ななめ読み」と題して、新聞記事の比較検証やわかりにくい記事の批判を続けてきました。新聞はなくならない。でも、そのためには自らの努力が必要なのです。その一助になれば、というのが私の願いです。

新聞は、読み方によって、これまで以上に楽しむことも可能なのです。そんな読み方も知っていただければ幸いです。

２０１９年10月

ジャーナリスト　池上　彰

新聞は考える武器になる
――池上流新聞の読み方

――目次

第一章 子供の頃から新聞好き。池上彰流読み方、活用術

第二章 世の中を知るためにどう読んだらいいのか？

第三章
難しい話や専門用語をどのようにやさしく伝えるのか？

第四章
新聞は「誰のためのものか」。報道は歴史になる

第五章
新聞は事実を正確に伝えているか？

第六章
どれも同じじゃない。読み比べて見えてくること

第七章 新聞は読み方次第で考える武器になる

第八章
埋もれた事実を掘り起こす

第九章
同じニュースでも新聞社で違いがある

カバーデザイン　小口翔平＋畑中茜(tobufune)
編集協力　長田幸康
本文デザイン／DTP　キャップス

第一章

子供の頃から新聞好き。池上彰流読み方、活用術

一冊の本が、人生を決めたジャーナリスト池上彰の原点

小学生の頃から、本を読むのが大好きでした。放っておくと、食事の時間も忘れて本を読んでいたため、母親によく怒られたものです。それでも隠れて本を読み続けました。そんな小学生が、一冊の本に出合いました。

朝日新聞社から1962年に出版された『続 地方記者』(朝日新聞社)。地方で活躍する新聞記者のドキュメントです。この本で「新聞記者」という仕事を知りました。「特ダネ」という言葉にワクワクさせられ、その仕事ぶりに憧れ、「地方の新聞記者になろう」と決心したのです。

一冊の本が、人生を決めました。

後日、「続」ではない『地方記者』(朝日新聞社)も古書店で手に入れましたが、

内容はいまひとつでした。続編に先に出合わなければ、ジャーナリスト池上彰は生まれなかったかもしれません。

活字に飢えていた小学生時代、新聞を読むのも大好きでした。政治や経済についてはまだよくわかりませんでしたが、事件や事故の記事が詰まった社会面は、毎日くまなく読みました。

高校生のときには、ベトナム戦争の記事を熱心に読みふけりました。特に朝日新聞に連載された、本多勝一《ほんだかついち》記者のルポルタージュ『戦場の村』（朝日文庫）には衝撃を受けました。ベトナム戦争は、世界のことを考えるきっかけになりました。

大学生時代には「学園紛争」が激化し、毎日のようにデモや集会が行なわれ、学生と機動隊が衝突していました。

マスコミや報道に違和感を持ち始めたのは、この頃です。

自分の目の前で起こった事件が、新聞やニュースでは、違ったニュアンスで伝えられていると感じたからです。

正しい報道とは何だろう？　そんな疑問を抱きながら、マスコミへの就職を意識するようになりました。

のちに人気の就職先となったマスコミですが、当時は全く状況が違いました。マスコミ志願者は「一般企業には入れない落ちこぼれ」と言われていたほどです。入社試験も一般企業の内定があらかた出た頃、遅い時期に行なわれました。しかも、民放はコネがなければ入社試験さえ受けられないところがほとんどでした。実はある東京の民放に「試験を受けさせてください」と直訴したのですが、断られました。一般公募をしているマスコミは、大手新聞社、通信社、そしてＮＨＫぐらいでした。

私が願書を出したのは、朝日新聞社とＮＨＫです。

朝日新聞は、子どもの頃から読んでいたので、馴染《なじ》みがありました。運命の一冊『続　地方記者』も朝日新聞社から出版されていました。

一方、ＮＨＫにも大いに魅かれました。きっかけは、日本中がテレビに釘づけになった連合赤軍による「あさま山荘事件」（１９７２年）でした。実況生中継の威力を目《ま》のあたりにし、「これからはテレビの時代かもしれない」と思ったからです。

「記者」になれるのは新聞社だけではありません。NHKは全国に放送局があり、新人は必ず地方に配属されるのです。新聞ではありませんが、まさに「地方記者」への道が叶うのです。

1973年4月、NHKに入局しました。

2カ月間の新人研修が終わろうとする頃、配属先の希望を聞かれた私はこう答えました。

「なるべく西。しかも、できるだけ小さな町に行きたい」

今はともかく、当時は新人の赴任先など、希望どおりになるものではありませんでした。同期のアナウンサーは「北に行きたい」と希望し、「北九州放送局」に配属されたほどです。なかなか洒落《しゃれ》がきいていますね。

私の本命は山陰地方でした。学生時代の貧乏旅行で、山陰地方だけは行き損ねたからです。

こうして決まった赴任先は、松江放送局。西にある小さな町という希望が叶いました。「小さな町に行きたい」なんて希望する新人は、なかなかいないからでしょう。

憧れの「地方記者」に、ついになれたのです。

新人は警察担当からスタート
記事はどうやって作られる？

放送局の記者と、新聞記者。ニュースを伝える手段は違いますが、現場の記者の仕事はほぼ同じです。事件の現場でも、記者クラブでも、あちこちの放送局・新聞社・通信社の記者がいて、取材活動をしています。

日本の新聞社やＮＨＫでは、新人記者は警察担当からスタートします。警察担当は記者の育成に最適だからです。

世の中で何か変わったことが起これば、まず警察に通報があります。取材する情報がいつも豊富にあり、ネタに困ることはありません。警察の動きを見ていれば、世の中の動きを、いちはやくキャッチできます。

また、警察で取材をしていると、「世の中にはこんな人がいるのか」「そんな理由で人が殺されるのか」といった、「普通」の人生ではけっして味わえない経験をたっぷり積めます。世の中の「表」だけでなく、「裏」を学ぶことができるのです。

そして、警察はなかなか捜査の手の内を明かしません。「何か変わったことはありませんか?」と聞いても、「実はね……」なんて話が弾むことはありません。重要な情報であればあるほど、口が堅くなります。

当然でしょう。報道されることによって、犯人に逃げられたり、証拠を隠されたりするかもしれませんからね。

しかし、それでも記者は、警察から何かを引き出さなければ、仕事になりません。こうした困難な状況を経験することで、人間関係の築き方や取材力が養われるのです。

もっとも、警察取材から記者修業をスタートする伝統には、批判もあります。警察に近づきすぎることの弊害として、記者が警察を批判しにくくなるとも指摘されているのです。とはいえ、警察はもっとも重要な取材先のひとつであることに変わりはありません。今この瞬間も、多くの記者たちが、警察回りに勤《いそ》しんでいるはずです。

新聞記者もNHKの記者も、新人はまず地方に配属されます。支局などで5～6年経験したあと、東京に転勤するのが一般的なコースでしょう。

私はNHK時代、島根県の松江放送局に3年、広島県の呉《くれ》通信部に3年勤務しました。ここまでが「地方記者」時代。その後、東京の報道局社会部に転勤し、警視庁の記者クラブ担当になりました。

殺人・強盗・放火・誘拐などを扱う捜査一課と、窃盗・万引き・偽札事件などを捜査する捜査三課を担当していました。

警視庁の担当になると、毎日が「夜討《ようう》ち朝駆《あさが》け」の連続でした。

捜査員は昼間、聞き込み捜査などで忙しいため、なかなか会うことができません。昼間は会えない捜査員に話を聞くために自宅に出向き、終電で帰宅する捜査員に話を聞くのが「夜討ち」「夜回り」。早朝、出勤する捜査員をつかまえて話を聞くのが「朝駆け」です。

夜討ち朝駆けを毎日続けたとしても、記事にできるような話が聞けるわけではありません。捜査員だって疲れて帰宅し、これから寝ようというときですから、言葉を交わせればまだいいほう。会ってさえくれない日が続くこともありました。ほとんど自宅に帰れないような仕事の日々だった頃は、無駄ではないかと感じたこともあります。

しかし、ほんの一言でも情報を引き出し、組み立てて記事にしていくのが記者の仕事です。他社のテレビ・新聞の記者も同じように「夜討ち朝駆け」をしているのですから、けっして油断はできないのです。

他社に先駆けて、新しい事実、隠されていた事実を報道するのが「スクープ」「特ダネ」です。マスコミは事実を正確に報道するのが使命ですが、現場の記者はつねに「特ダネ」をモノにしようと狙っています。入社のときから、「他社を出し抜け」「特ダネを取れ」と言われ続けます。そのために過酷な「夜討ち朝駆け」を続けるのです。

特ダネをモノにすることを「抜く」といいます。記者は現場で、抜いた・抜かれたの戦いを繰り広げています。

抜いたときは、実に気持ちがいいものです。

私の特ダネがNHKの夜7時のニュースのトップで放送された途端、記者クラブの他社の電話が一斉に鳴り響きます。「なぜ抜かれた！」。「すぐ追いかけろ！」。他社の記者は電話口で怒鳴られています。

もちろん、他社に抜かれることもしばしばです。記者クラブでは常に多数の記者が競っているのですから、抜かれる経験のほうが多いのは当然のことです。

新聞の朝刊で特ダネを抜かれると、午前5時に「抜かれたぞ！」と自宅に電話がかかってきます。

これは本当に恐怖でした。警視庁担当からはずれたあとも、午前5時ごろ、目を覚ましてしまうことがあったほどです。

一方、特ダネをモノにしたときも、快感ばかりではありません。他社の後追い記事が出てくれれば、間違いではなかったことになり一安心ですが、逆に、どこからも後追い記事が出てこないと、「間違いだったのか？」と不安になってしまうのです。

連載原稿の掲載中止を経ても、新聞の役割に期待している

1989年4月、16年間続けた記者生活に別れを告げ、テレビのキャスターへと転身することになりました。

記事を書く立場から、テレビの画面に顔を出してニュースを伝える立場になり、意識も生活も大きく変わりました。

「週刊こどもニュース」の「お父さん」として、徹底的に「わかりやすさ」を追求するという経験をすることもできました。

2005年3月、私は「週刊こどもニュース」のキャスターを降板し、NHKを退職しました。

記者を16年間務めた後、「テレビの人」になってから、すでに16年がたち、記者とキャスターの期間がちょうど同じになっていました。

定年を前にして退職したのは、これ以上NHKにいたら、「私は記者でした」と言えなくなってしまいそうだったからです。NHKを辞めた私は、あらためてフリーの一記者としての仕事をスタートしました。

新聞記者にはなりませんでしたが、新聞に連載を持つようになり、結果的には、新聞に原稿を書く立場になることができました。学生時代、一度は就職先の候補だった朝日新聞にも、「池上彰の新聞ななめ読み」というコラムを連載しました。

しかし、私がキャスターをしていた16年の間に、新聞も、新聞を取り巻く環境も、大きく変化しました。そうした変化の中で起こったのが、「新聞ななめ読み」掲載中止事件です。

「池上彰の新聞ななめ読み」は、東京本社発行の夕刊に週1回連載されていました。当時の編集長から言われたのは「何を書いていただいても自由です」ということでした。実際、朝日新聞であろうと読売新聞であろうと、おかしいものはおかしいと、自由に書かせてもらいました。

念頭にあったのは、アメリカの新聞です。『ニューヨーク・タイムズ』『ワシントン・ポスト』は、社説の反対面に、自社とは異なる主張をする人のコラムを掲載しています。社説（Editorial）に対抗（opposition）する記事という意味で、「Op-Ed」（オプエド）と呼ばれます。

朝日新聞は「池上彰の新聞ななめ読み」を「Op-Ed」にしたいのだろうと考えていました。その後、「ななめ読み」は月に1回、朝刊の連載に変わりました。しかし、朝日新聞を批判した私のコラムが、掲載中止になるという「事件」が起きてしまったのです。

2014年8月、朝日新聞は32年前の慰安婦報道についての検証記事を掲載し、誤報を認めて訂正しました。その勇気は評価すべきだと思います。しかし、訂正はしたものの、謝罪はありませんでした。

そこで、お詫びがないのはおかしい。そう率直に書いたところ、掲載できないと言われたのです。

新聞社には編集権というものがありますから、業界のルールにのっとって、私はその決定に従いました。

とはいえ、「何を書いてもいい」という言葉への信頼は損なわれてしまいました。だから、連載を打ち切りたいと申し出たのです。

ここまでは、私と朝日新聞との個人的なやりとりでした。しかし、私がロシア取材に行っている間に、コラムが掲載中止になったという話が、週刊誌に伝わっていたのです。朝日新聞社内部からの告発だったようです。

当時、ロシアで取材中の私の携帯電話に、最初に電話してきたのは『週刊新潮』でした。さらに、プレジデント社の編集者からのメール、『週刊文春』からの電話と続きました。

先を越した『週刊新潮』に抜かれまいと思ったのか、『週刊文春』がネットに記事を掲載。それが「Yahoo!ニュース」のトピックスに載りました。国内外の朝日新聞の記者たちもツイッターで「恥ずかしい」「納得できません」とつぶやき始め、大きな騒ぎになってしまったのです。

朝日新聞は掲載拒否を撤回・謝罪しました。その後、朝日新聞は体制を刷新。紙面改革も進めたので、連載を再開することにし、2021年3月まで続けました。

これほどの「事件」を経てもなお書き続けたのは、インターネットに押され、部数が激減していても、社会の知的基盤を支えるインフラとして、新聞の果たす役割にまだまだ期待しているからです。そして、何よりも新聞が好きだからです。

池上流新聞の読み方・役立て方
「知る」「考える」「伝える」力を磨く

新聞に掲載されている情報量は、どれくらいだと思いますか？

朝刊の文字数は、およそ20万字。新書2冊分もの情報量が詰まっているのです。

毎日、新書を2冊読むのは、いくら本好きでも難しいかもしれません。しかし、新聞なら、同じ文字量を毎日、難なく読めるのです。この情報を活かさない手はありません。

新聞を毎日読み続けていれば、大量の情報に触れていることになります。その情報の蓄積は、きっと大きな力となるはずです。

最近では、親の世代が新聞を読んでいない家庭も増えました。自宅に新聞がないため、新聞を読む習慣がないまま大人になります。そのまま就職活動になり、急に「日経新聞を読まなきゃ」と思っても、何が書いてあるのかわからないという人が多いでしょう。

新聞はすべての専門用語に解説をつけたりはしません。記事の前提の部分は省略されていることが多く、「一見《いちげん》さん」にはわかりにくいのです。だから、「新聞は難しい」と感じてあきらめてしまうのです。

これは新聞の側にも非があります。毎日、読んでくれているという前提で記事を書いていては、今の時代、相手にしてもらえません。「そもそも」から解説するNHKの「週刊こどもニュース」が大人に支持されていたのは、新聞が親切に書かれていないからなのです。

では、私自身は、毎日どのように新聞を読んでいるのでしょう？

これは新聞が大好きなジャーナリストの特殊な例ですので、あくまでご参考までに。

私は新聞を読む時間を、朝晩に分けています。

毎日、自宅で目を通す紙の新聞は12紙。『朝日新聞』、『毎日新聞』、『読売新聞』、『日本経済新聞』、『朝日小学生新聞』、『毎日小学生新聞』です。さらに『河北新報』、『信濃毎日新聞』、『京都新聞』、『中国新聞』、『高知新聞』、『大分合同新聞』は郵送で届きます。さらに『ウォール・ストリート・ジャーナル日本版』、『ニューヨーク・タイムズ』、『ワシントンポスト』はそれぞれ電子版を講読しています。

朝はざっと目を通すだけ。見出しだけを見て、1面から最後のページまで、とにかく一度「飛ばし読み」します。時間は紙の新聞すべて合わせても20分程度でしょう。

見出しには記事の内容がひと目でわかるよう要約されていますから、だいたいの内容はわかります。

時間がないときは、左ページに目を通すだけでもいいでしょう。1面・3面などの左ページ、中でも右上に重要なニュースが載ることが多いのです。

家を出ると、駅のキオスクで『東京新聞』と『産経新聞』を買い、電車の中で読みます。

本文を読むのは夜、寝る前です。紙の新聞14紙にあらためて目を通します。見出しが気になったら、記事の「リード」を読み、さらに興味が湧いたら本文を読みます。1時間程度になるでしょう。

気になった記事は、ページごと破ってクリアファイルに入れます。キレイに切り取ったり、分類したりといった手間はかけません。ページごと破るので日付もわかります。

破り取った記事はクリアファイルに入れたままです。しばらく「寝かせる」のです。

新聞記事の価値は、後になってわかることが多いのです。いくら大きく取り上げられていても、実はどうでもいいニュースだったかもしれません。たまたま大きなニュースがなく、スペースがたっぷりあっただけかもしれません。だから、時間の経過に判断してもらうのです。

数週間後、あらためてチェックしてみて、不要だと思えば捨てます。必要な記事ならば、「政治」「経済」「国際情勢」「文化」といった大きなジャンルに分けて、クリアファイルに入れておきます。記事がたまってきたら、「政治」なら「自民党」「他野党」など、さらに細かくジャンル分けしたクリアファイルに保存します。

このやり方をそのまま真似《まね》するのは一般の人には現実的ではありません。

まずは新聞を1紙購読することから始めましょう。

そして、1日5分でもいいので、毎日、新聞に目を通す習慣をつける。ここからスタートするとよいでしょう。

初めは興味のある記事だけ読んでいれば大丈夫です。毎日読んでいるうちに、知識が蓄積されていくため、徐々に早く読めるようになっていきます。

早く読めるようになれば、これまで興味のなかった記事を読むゆとりも出てきます。

今や、新聞を読んでいる人は多くありません。「新聞を読める人」は、毎日少しずつ、「読まない人」に差をつけていけるのです。

メディアの情報を読み解き、フェイクやデマを見抜く

アメリカのトランプ大統領が当選した2016年の大統領選挙の際、「ローマ法王がトランプ支持を公式に表明した」といった、ウソの情報がSNSを通じて拡散されました。

こうした「フェイクニュース」はトランプ大統領の当選に大きな役割を果たしたとされています。さらに、そこにロシアの情報機関が絡んでいたとも言われています。

一方、2017年に行われたフランスの大統領選でもフェイクニュースが飛び交いましたが、こちらは選挙の結果にあまり影響を与えなかったと言われています。その理由について「フランス人は新聞を読んでいるから」とする意見もあります。

日本でもネット上では頻繁にデマが拡散されています。政治的なフェイクニュースも増えています。

日本の場合、顕著なのは、大事故が起こったときは、世論が一色に塗りつぶされてしまうことです。こうした集団ヒステリーは非常に危険です。ネットで炎上し、多くの人が「けしからん！」と叩いているとき、「このニュースは本当かどうか？」と疑う姿勢が大切です。

フェイクニュースやデマに釣られ、あわてて拡散して恥をかくのは避けたいものです。だまされないためには、「おかしい」と気がつく「メディア・リテラシー」を備えておくことが必要でしょう。

メディア・リテラシーとは、メディアからの情報を読み解く、見極める能力です。メディア・リテラシーを磨くには、さまざまなメディアに触れて、いろいろな視点、伝え方があることを知るのが大切です。

そのためにひとつおすすめしたいのは、新聞を読み比べてみることです。

新聞によって、同じニュースでも、取り上げ方や伝え方がまったく違う場合があります。

ニュースというのは客観的なものだというイメージがあるかもしれません。実際、新聞は「客観報道」を装っています。しかし、実は新聞によって伝え方は違います。ときには、同じニュースのはずが、正反対のことが書いてある場合さえあります。

子どものころから慣れ親しんでいた新聞からは、気がつかないうちに大きな影響を受けています。1紙を読み続けていると、その新聞が持っているバイアス（偏り）を意識できなくなります。

だからこそ、誤ったニュースにだまされないために、そして、新聞をより楽しむためにも、新聞の読み比べをおすすめしたいのです。

1紙は保守系、1紙はリベラル系といったように、論調の異なる2紙を読むとよいでしょう。新聞の個性やクセを理解し、賢く付き合っていきたいですね。

新聞を読むと、興味も広がり「いい質問」ができるように

新聞の魅力は何でしょう？

私は「ノイズ」だと思います。

新聞を広げて読んでいると、自分が読みたい記事とは関係なく、勝手に目に飛び込んでくる記事があります。

「これ何だろう？　初めて見た」

「世の中こんなことになっていたのか！」

などと興味を持ち、ちょっとネットで調べてみようということもあります。

ネットでは、多くの人は基本的には自分の興味のあることを検索し、読みたいと思っている人のツイッターをフォローします。ＳＮＳでつながっている人は、

感性も趣味も似ているのではないでしょうか。

すると、目に入ってくるのは、特定の分野の似たような情報ばかり。タコツボ化していくばかりで、世界が広がっていきません。

一方、新聞では、いやおうなしに、興味のない記事も目に入ります。そこから興味関心が広がっていきます。思いがけない出合いを楽しみにして、私は毎日、新聞を読んでいるのです。

新聞を読んで興味や関心の幅が広がれば、専門分野以外のことでも、人と話せるようになります。たとえば営業担当にとっては、欠かせないスキルでしょう。新聞で仕入れた知識で「いい質問」をし、「この人はちょっと違うな」と信頼を勝ち取れるかもしれません。

時間が許せば、紙面の下のほうに控えめに載っている「ベタ記事」にも目を通したいですね。

記事が小さいからといってバカにできません。後々大きな問題に発展し、重要性に気づくこともあるのです。

新聞からは「伝える」コツを学ぶこともできます。

新聞は見出しやリードだけで、あらましを理解できるように作られています。見出し↓リード↓本文という流れは、忙しい読者が効率的に情報を入手できるよう洗練されてきた構造です。

本文も5W1H（Who、When、Where、What、Why、How）をストレートに伝えているだけではありません。起承転結という流れではなく、いきなり結論から入ったり、衝撃的な証言を冒頭に持ってくることもあります。つまり、出だしの部分、いわゆる「つかみ」に工夫がこらされています。

新聞には知識を蓄積していくインプットの力はもちろん、アウトプットの力も磨けるヒントが詰まっているのです。

埋もれていた事実を報じ、権力を監視し、世の中を動かす

1970年代、アメリカ史上最大の政治スキャンダル「ウォーターゲート事件」によって、当時のリチャード・ニクソン大統領が辞任に追い込まれました。この事件を暴いたのは『ワシントン・ポスト』で地方版を担当する、2人の若手記者でした。

発端は1972年、ワシントンのウォーターゲートビルにある民主党本部に不法侵入した人物をガードマンが見つけて通報。現行犯で逮捕されたという警察発表でした。逮捕された侵入者の中には元CIA（中央情報局）の工作員がいました。

これを聞いて2人の記者は「本当にただのコソ泥なのか？」と疑問を抱き、取材を始めたのです。その結果、実は共和党系の人間が盗聴器を仕掛けようとしていたことが発覚。裁判の過程で、ホワイトハウスによる不正行為が次々と表沙汰

になり、現職大統領が史上初めて辞任に追い込まれるという事件に発展したのです。記者としての感性のアンテナはさすがです。

ウォーターゲート事件に先立ち、もうひとつ歴史的な大スクープがありました。

泥沼化していたベトナム戦争の真相を記した機密書類「ペンタゴン・ペーパーズ」を、『ニューヨーク・タイムズ』がスクープしたのです。

新聞はつねに国家や権力者を監視し、世の中を動かしてきました。

日本でも、たとえば「リクルート事件」報道が思い出されます。

１９８８年6月18日、朝日新聞は、川崎市役所の助役が、リクルート社から未公開株を受け取っていたことを報道しました。当初、すでに神奈川県警が内偵捜査を行ない、時効のため事件にはならなかった出来事です。

一般に、警察が捜査を断念すれば、報道は行なわれません。産経新聞とＮＨＫも内偵に気づいていましたが、取材を切り上げました。

しかし、朝日新聞横浜支局だけが独自の判断で取材し、地道な取材を続けました。時効であっても、企業のモラルが問われる問題だととらえたのです。

そして、朝日新聞は「リクルート社、川崎市助役へ一億円利益供与疑惑」という特ダネを打ちました。

この記事をきっかけに、他社も後追い。リクルート社が政財官界の多くの人々に未公開株をばらまいていたことが発覚しました。そこで、東京地検特捜部が捜査に乗り出し、日本の政財官を震撼させた「リクルート事件」へと発展したのです。12人が起訴され、有罪が確定し、当時の竹下登首相が退陣に追い込まれました。政治家たちが口にした「秘書がやったことだ」という言い訳は流行語にもなりました。

地方記者の執念の取材が、巨悪を暴いたのです。まさにウォーターゲート事件の日本版といえるでしょう。

2006年7月20日、日本経済新聞朝刊に、「A級戦犯靖国合祀《ごうし》 昭和天皇が不快感 参拝中止『それが私の心だ』」という記事を掲載しました。

昭和天皇は戦後、靖国神社を参拝していましたが、1975年を最後に、参拝を取りやめました。1978年に靖国神社がA級戦犯を合祀したことを知り、これに反発したからだと、記事は伝えています。

2006年当時、小泉純一郎首相が靖国神社を参拝し、中国や韓国との外交関係が冷え込んでいました。こうした中、日本経済新聞は、1978年当時の宮内庁長官のメモを入手。昭和天皇の発言をスクープしたのです。

昭和天皇が不快感を示していたことが明らかになり、靖国神社問題の議論に一石を投じました。

埋もれていた歴史の事実を明るみに出すことで、政治や社会が大きく動くこともあるのです。

新聞ごとの論調の違いはどのように出てきたのか

今から50年くらい前、私が学生だった頃、『○○新聞』という題字を隠してしまえばどこの新聞だかわからないと言われたものです。つまり、新聞が違っても、書いてあることはどこも同じというわけです。

たとえば、1959〜60年、1970年の二度にわたって行なわれた、日米安全保障条約の改定をめぐる政治闘争、いわゆる「六〇年安保」のときの新聞報道です。デモ隊が国会議事堂に突入し、機動隊と衝突して、一人の女子学生が死亡しました。

この事件について、在京新聞7社が「暴力を排し議会主義を守れ」と、まったく同じ文言の社説を掲載しました。この「7社共同宣言」は地方紙にも広まりました。

この事件が起こるまで、日米安全保障条約をめぐる社説は、新聞によって主張が異なりました。それが突然、まったく同じになってしまったのですから、当時は大きな議論を呼びました。

現在はどうでしょう？

憲法改正、原発再稼働、沖縄の基地問題など、新聞によって論調が分かれていることが多いのではないでしょうか。

大雑把にいえば、「朝日・毎日・東京」がリベラル・左、「読売・産経」が保守・右、真ん中に「日経」があるといった構図でしょう。

ただし、昔からずっとそうだったわけではありません。時代によって、新聞社の体制によって、論調は変化してきたのです。

たとえば、かつて読売新聞は「反権力」色の濃い新聞でした。１９５０年代から60年代にかけて、社会部が大きな力を持っていたからです。

しかし、今ではすっかり政権寄りの新聞とみなされています。政治部出身の渡邉恒雄氏が社内で力を持ったことが理由のひとつです。

日本の多くの新聞社では、政治部が出世の最短コース。経済部、社会部と続きます。社内政治によるパワーバランスが、新聞の論調に大きな影響を及ぼしています。

かつて新聞ごとの論調の違いは、社説で論じられていました。各紙とも社説で意見を戦わせていました。しかし近年では、記事にも各紙の論調が明確に現れるようになってきています。

たとえば、憲法改正について、朝日新聞・東京新聞には、反対集会や批判的なコメントが多く取り上げられ、賛成する人のコメントは目立ちません。逆に読売新聞・産経新聞には、賛成する意見ばかりが多く掲載される傾向があります。

それぞれの新聞に個性・特徴が出てきたのは、けっして悪いことではないと、私は思います。もちろん、裏づけのある事実を伝えなければなりませんが、伝え方が異なるのは当たり前です。れっきとした民間企業なのですから、個性的であってかまわないのです。

一方、テレビやラジオは事情が違います。放送メディアは中立の立場を守らなければなりません。電波という限られた資源を使っているため、国の免許事業となっているからです。放送法という法律で「政治的に公平であること」などと定められています。

新聞は自由に持論を展開でき、伝え方を選べます。だからこそ、受け手の姿勢が大切です。新聞の個性に引っ張られるのではなく、読者として主体的に判断する、自分なりの基準を身につけていきたいものです。

新聞の存在意義は「取材」
ネットもテレビも、ネタ元は新聞

「新聞を読んだほうがいいよ」とすすめると、こんな声が聞こえてきそうです。

「ニュースはネットで見るから、新聞なんていらない」

「TikTokで情報を得ているよ」

確かに、今どき、どの新聞にもネット版があり、そこでは多くの記事が無料で公開されています。「Yahoo!」などのポータルサイトにも、注目度の高いニュースが随時掲載されています。ニュースをまとめて読める便利なアプリをスマートフォンにインストールしてある人も多いでしょう。

朝のニュース番組やワイドショーでは、新聞各紙の紙面をずらりと並べて、記事を紹介することもあります。自分で新聞を購読することなく、毎日、新聞の中身をざっくり知ることができます。

しかし、だからといって、「新聞なんていらない」「新聞社なんていらない」ということにはなりません。

ニュースは記者が取材し、記事を執筆して初めて生まれます。新聞社は多くの記者を抱え、直接情報源に取材して、記事にします。この第一報がなければ、ネットに記事が転載されることもありません。

新聞の存在意義のひとつは、この「取材」にあります。長い時間と手間のかかる取材をする記者がいるからこそ、記事が出来上がるのです。

テレビ局では、NHKだけが多くの記者を抱えています。民放テレビには報道部がありますが、記者の数は少ないのです。そもそも民放のワイドショーは、報道とは別の部署が制作しています。自分たちで取材するのではなく、新聞で面白そうなネタを探すのです。

週刊誌や雑誌も、まったく新しいネタを発掘し、一から取材することは、あまりありません。そのような時間もコストもかけられないのです。そこで、新聞に載った第一報をもとに、後追い取材をします。その結果、新聞以上に面白いネタが発掘されることもあります。

もし本当に新聞がなくなったら、第一報がなくなり、ネットメディアには転載するニュースがなくなってしまいます。テレビ局のネタも枯渇します。テレビを見て記事にしているネットニュースも、困ってしまうでしょう。

いえ、新聞がなくなって困るのは、メディアだけではありません。

日本では新聞の購読者数が激減していますが、「新聞離れ」で先を行っているのはアメリカです。

アメリカでは全国紙より地方紙が主流ですが、その地方紙が経営難に陥り、続々廃刊になっています。原因は、広告費がネットに流れてしまったからだと言われています。

地方紙が廃刊になって、その地域では恐ろしいことが起こりました。

選挙の投票率が激減したのです。

地元の選挙を報道する新聞がなくなったため、立候補者などの情報が有権者に行き渡らなくなってしまったのです。これでは誰に投票していいのかわかりません。地域のニュースが報じられないため、地元の政治への関心も失われてしまいます。テレビがカバーしないような小さな町の選挙では、そもそも選挙があること自体が伝わらない可能性もあります。

新聞が廃刊になった市では、不正や汚職が横行しました。不正を監視し、伝える記者がいなくなり、不正が報道されることもなくなってしまったのです。

日本でも同じことが起こりかねません。新聞記者がいることで、人々は政治についての情報を得ることができ、権力者の不正に歯止めがかかっています。新聞は民主主義を支えるインフラなのです。

第二章

世の中を知るために
どう読んだらいいのか？

ファクトチェック
政治家の発言、監視必要

トランプ米大統領が誕生してアメリカで流行語となった言葉が2つ。「オルタナティブ・ファクト」と「フェイクニュース」です。

「オルタナティブ・ファクト」とは「もうひとつの事実」という意味です。大統領就任式の観客数について、「オバマ大統領の就任式より少なかった」とメディアが報じたことに対し、大統領報道官は、「過去最高だった」と批判しました。

この発言について、テレビ番組で追及された大統領顧問は、「報道官はオルタナティブ・ファクトを述べた」と言い張りました。

驚くべき発言です。事実でないことを「もうひとつの事実」だと言い張るのですから。

ところが、日本の国会でも「オルタナティブ・ファクト」が語られました。自衛隊が国連平和維持活動（ＰＫＯ）で派遣されている南スーダンで２０１６年に起きた事件について、「戦闘」ではないかと問われた稲田朋美防衛相は「国際的な武力紛争の一環として行われる人の殺傷や物の破壊である法的意味の戦闘行為は発生していない」と強調しました。

銃撃戦が起きていても、「法的意味の戦闘行為は発生していない」。まさに「オルタナティブ・ファクト」ではありませんか。トランプ大統領の側近を笑っていられないのです。

では、もうひとつのフェイクニュースはどうか。こちらもアメリカは凄《すご》いですね。２０１７年2月16日、トランプ大統領は記者会見を開き、「フェイクニュース」という言葉を連発しました。たとえばトランプ氏の陣営が、選挙期間中に、ロシア側と電話でやりとりしていたという報道について「フェイクニュースだ」と否定。その一方で、こうした情報が情報機関から漏洩《ろうえい》したことを調査すると言ったのです。

漏洩が事実であることを認めながら、それを報じることはフェイクニュースになる。支離滅裂です。

この記者会見を報じた『ニューヨーク・タイムズ』は、「ファクトチェック」(事実確認)のコーナーで内容を検証しました。たとえばトランプ大統領が「ロナルド・レーガン以来最大数の大統領選挙人を獲得した」と述べた点について、オバマ大統領もクリントン大統領もブッシュ(父)大統領もトランプ氏より多くの選挙人を獲得していると、トランプ大統領発言のウソを指摘しています。

このファクトチェックの手法を朝日新聞も採用すると2017年2月10日の朝刊で明らかにしています。

〈「内容は本当か」という疑問がある▽「ミスリードかもしれない」という印象を与える――などの基準にもとづき、政治家の発言を随時取り上げます〉

と告知しています。

そこで取り上げたのが、安倍晋三首相の1月30日の参院予算委員会での発言でした。憲法改正について問われると、「具体的な案については憲法審査会で議論すべきだというのは私の不動の姿勢だ」と述べ、「どのような条文をどう変えていくかということについて、私の考えは（国会審議の場で）述べていないはずであります」と答えています。

これについてファクトチェックで「誤り」と指摘。実際には2013年2月の衆院予算委員会で憲法改正手続きを定めた憲法96条について問われ、「3分の1をちょっと超える国会議員が反対をすれば、指一本触れることができないということはおかしいだろうという常識であります。まずここから変えていくべきではないかというのが私の考え方だ」と答弁していたことを掘り起こしています。

また、1月20日の施政方針演説で「兼山《けんざん》のハマグリは、土佐の海に定着しました。そして350年の時を経た今も、高知の人々に大きな恵みをもたらしている」という発言について、「言い過ぎ」と判定。高知県漁業振興課によると、2015年のハマグリの漁獲量は約400キロ、60万円相当で「大きな恵み」にはほど遠かったと指摘しています。

メディアが発言をいつも監視すること。それが、政治家に無責任な発言をさせない効果を発揮します。

（2017年2月24日）

道徳の教科書検定
忖度が書き換えを生んだ

「パン屋」が「和菓子屋」に、「アスレチックの公園」が「和楽器店」に書き換えられた。文部科学省の教科書検定の結果は衝撃でした。

小学校の道徳が２０１８年度から教科書を使うようになり、その教科書検定の結果が、２０１７年３月25日付朝刊各紙で報じられました。

これまで道徳は「教科外の活動」と位置づけられ、教科書はありませんでした。道徳が小学校に導入されたのは１９５８年。私が小学生のときに道徳の時間が始まりました。「最近の子どもたちは道徳観念が薄れている」と声高《こわだか》に主張する人たちがいたためです。しかし、これが「戦後版教育勅語」になってはいけないという警戒心も強く、教科書を使う「教科」にはしないという条件で始まったのです。これが「教科外の活動」という位置づけの理由です。

それが、「特別の教科」という位置づけに格上げされ、文部科学省検定教科書を使い、成績評価も実施されることになりました。58年に道徳を学校教育に入れさせた人たちの目標が、ついに達成されたのです。なにせ「教育勅語」にはいいことも書いてある、などと言う政治家が存在する時代ですから。

検定結果で驚いたのは、小学校1年生の「にちようびのさんぽみち」という教材で登場する「パン屋」が「和菓子屋」に書き換えられていたという朝日新聞の記事でした。

また、同じく小学校1年生の「大すき、わたしたちの町」という教材ではアスレチックの遊具で遊ぶ公園を、和楽器を売る店に差し替えたというのです（別の教科書会社）。

なぜパン屋ではいけないのか。朝日の記事に文科省の言い分が紹介されています。「パン屋がダメというわけではなく、教科書全体で学習指導要領にある『我が国や郷土の文化と生活に親しみ、愛着をもつ』という点が足りないため」と説明しているそうです。文科省の指摘を受け、教科書会社は「和菓子屋」に書き換え、検定を通りました。「アスレチック」も同様の指摘を受け、教科書会社が改めました。

ここで気をつけなければいけないのは、文科省が「和菓子屋」や「和楽器店」に書き換えさせたのではないということです。誤解して、「文科省はそんな指示までしているのか」と驚いた人もいるでしょうが、そうではないのですね。教科書会社のほうで「和菓子屋」や「和楽器店」を選んだのです。指示されたのではなく忖度《そんたく》した、ということでしょう。

これについて3月29日付朝日朝刊の「天声人語」は、「和菓子や和楽器にすがって国や郷土への愛を説くとすれば、滑稽《こっけい》というほかない」と批判していますす。では誰がすがったのか。まずは困った教科書会社がすがり、それを文科省が追認したのでしょう。

文科省は細かい点を指摘し、その後の修正は教科書会社に任せる。その結果、教科書会社は文科省の顔色をうかがって忖度し、「和菓子屋」や「和楽器店」を持ち出す、という構造になっています。

小学校の道徳で教えなければならない項目は、学習指導要領で学年により19～22項目あります。その中には「個性の伸長」という項目もありますが、教科書会社に忖度させて、内容をコントロールさせる。ここに個性の出番はありません。

それにしても、パンを和菓子に変えればいいのか。この点について文芸評論家の斎藤美奈子さんは、3月29日付東京新聞朝刊の「本音のコラム」で、こう喝破《かっぱ》しています。

「日本のパンの元祖は、幕末の伊豆韮山《にらやま》の代官で兵学者でもあった江川太郎左衛門が兵糧《ひょうろう》として焼いたパンだったこと。明治初期に木村屋が開発したあんパンは発酵に饅頭《まんじゅう》用の酒種を使ったこと。一方、和菓子は遣唐使が持ち帰った中国の菓子にルーツを持つこと。和菓子の発展を促した茶の湯も、栄西が大陸から持ち帰った茶からはじまること。つまりどちらも郷土というより国際交流の賜《たまもの》で、両者の間に差などない」

郷土のことをよく知らないのは文科省なのかも。

（2017年3月31日）

災害時の報道、解説は自治体への警告にもなる

かつてNHK社会部に在籍していた頃、「災害班」に所属していたことがあります。天変地異のあらゆる事態に対応するグループです。大きな災害が発生していないときは、将来の災害に備えて、地震・火山学者を訪ねたり、噴火しそうな火山を調査したりしていました。草《くさ》津《つ》白《しら》根《ね》山《さん》もそのひとつでした。ただし、草津白根山が噴火するとすれば、湯釜《ゆがま》と呼ばれる古い火口だろうというのが常識でした。まさか別の場所から噴火するとは。

これは新聞各紙も同じことでしょう。緊急事態が起きたとき、短時間でどれだけの解説記事をまとめることができるのか。各紙の担当記者の力量が問われます。そこで、噴火の翌日である2018年1月24日の朝刊各紙を読み比べてみました。

まずは朝日新聞。1面に草津白根山についてのキーワード解説です。

〈「本白根山」「逢ノ峰」「白根山」の順で南北に連なる活火山の総称で、最も高い本白根山は標高2171メートル。近くには草津温泉やスキー場がある。白根山では19世紀以降、少なくとも13回の噴火があったとされる。今回噴火した本白根山では約3千年前に溶岩流を伴う噴火があったことが知られている〉

コンパクトにまとまっています。草津白根山といっても、三つの活火山の総称なのですね。

火山といえば、昔は活火山、休火山、死火山という分類で習った人も多いと思います。しかし、たまたま人間が観測している間に噴火活動がないからといって、休火山や死火山と呼ぶのはおこがましいということになり、現在では概ね1万年以内に噴火したことがあれば活火山と分類することにしました。かつては休火山に分類されていた富士山も、いまは活火山なのです。

ふだん火山についての知識に触れることのない読者のためには、この火山の3

分類に関する基礎的な解説が必要なのですが、それがないのが残念です。

次に毎日新聞の草津白根山についての解説です。

〈群馬・長野県境に位置する白根山、本白根山、逢ノ峰などの総称。噴火した本白根山は標高2171メートル。いずれも成層火山で、白根山や本白根山の山頂部には複数の火口湖が見られる。周辺には草津温泉や万座《まんざ》温泉があり、噴気《ふんき》活動が盛んで硫化水素による死亡事故例もある。日本百名山などに選ばれ、登山客が多い〉

草津白根山を語る上で「硫化水素による死亡事故例」は欠かせない情報です。朝日にこの情報がないことに驚きます。毎日は、草津白根山が「日本百名山」に選ばれ、登山客が多いことにも触れています。朝日には、この情報もありません。

ただ、毎日は「成層火山」という専門用語が解説もないまま登場します。地学に詳しくない人もいるのですから、ここは一言解説がほしいところです。

読売新聞はどうか。草津白根山に関する説明は朝日と大同小異ですが、「逢《あい》ノ峰《みね》」とルビがふってあります。これは読者に親切ですね。

読売が朝日や毎日と違うのは、群馬県の草津町が避難計画を策定していなかったことを取り上げている点です。火山災害の危険性がある地域に関しては、関係自治体が避難場所や避難経路を定め、ロープウェー駅やホテルなどの集客施設に対して避難確保計画の作成義務が課せられています。

〈しかし、国が火山災害警戒地域に指定した全国49火山の155市町村のうち、16年度末時点で計画の策定を終えたのは40市町村で全体の4分の1にとどまる〉

〈草津白根山では、被害が出た草津町など群馬、長野両県の5町村が同地域に指定されているが、避難計画を策定したのは群馬県嬬恋《つまごい》村だけ。草津町は未策定で、集客施設では、草津国際スキー場を含めて計画を作っていない〉

これは驚くべきことですね。危険な火山は全国にあります。避難計画をまだ作っていない自治体への警告になるのです。これこそ新聞の役割でしょう。

（2018年1月26日）

「書き換え」か「改竄」か選ぶ表現に姿勢が映る

朝日新聞の2018年3月2日付朝刊1面トップは衝撃的でした。財務省が森《もり》友《とも》学園との国有地取引の際に作成した決裁文書が書き換えられているという疑惑を報じたからです。

これ以降、新聞各紙は「朝日の報道によると」という表現を使いながら、この問題を報じました。ライバル紙が報じた特ダネを、報じた社の名前を出して引用するのは、潔いことです。ただし、朝日の名前を出した背後には「誤報だったら朝日の責任ですから」と言い逃れられるという意識があったように見えるのですが、考えすぎでしょうか。

それはともかく3月12日になって財務省は文書の書き換えを認めました。翌13日の朝刊各紙の1面の表現は分かれました。

朝日の見出しは「財務省　公文書改ざん」、毎日は「森友14文書　改ざん」、東京も「森友14文書改ざん」でした。財務省の行為を「改ざん」と報じたのです。

これに対し日経は「答弁に合わせ書き換え」、産経は「森友書き換え　理財局指示」と、いずれも「書き換え」と報じています。読売の見出しは巧妙でした。「森友文書15ページ分削除」となっていて、見出しでは書き換えとも改ざんとも書いていないのです。ただ、本文を読むと「書き換え」の表現が使われています。

さて、財務省の行為は「書き換え」なのか、「改ざん」なのか。この点で読ませる記事は毎日でした。14日付朝刊で、こう解説しています。

〈「改ざん」の意味について、どの国語辞書も〈字句を書き直す〉という基本の意味に、▽多く不当に改める場合に用いられる（広辞苑）▽普通、悪用する場合にいう（大辞林）▽多く自分の都合のいいように直す意（日本国語大辞典）――と否定的な説明を補う〉

〈改ざんの「ざん（竄）」は「穴」と「鼠」が合わさった字（会意文字）だ。大修館書店の「大漢語林」によると（ねずみ（鼠）が穴にかくれるさまから、一般に、かくれるの意味を表す）とある。漢和辞典編集者の円満字二郎《えんまんじじろう》さんは「竄《ざん》はもともとは『字句を直す』という中立的な意味だったが『ねずみが巣穴に隠れる』ところから生まれた漢字であり、中国の歴史書にも『こそこそ勝手に字句を直す』というニュアンスで使われているのが目立つ」と話す。実際、竄匿《ざんとく》や竄悪《ざんあく》など否定的な熟語が多い〉

なるほど。改竄の「竄」の字が常用漢字でないため、各紙は「改ざん」と表記していますが、これでは悪質さが伝わって来ません。

ただ産経は、13日の1面の見出しで「書き換え」という表現を使っていましたが、他紙の社説に当たる「主張」欄で、〈都合の悪いことを隠すため、公文書をこっそりと書き換えるのは改竄というべきである〉と書いています。改竄にはルビが振ってありますね。この手法はいいですね。元の字がどんなものかわかります。

その後、産経は14日付朝刊で、記事の表記が「改竄」に統一されました。社内で意思統一が行なわれたのでしょうか。財務省が「書き換え」と発表したからといって、新聞社がそれに従う必要はありません。産経は朝日や毎日、東京に遅れたものの、財務省の行為を批判的に報じる姿勢が明確になりました。

一方、読売と日経は、その後も「書き換え」を使ってきましたが、安倍首相の答弁で表記が変わりました。3月26日の参院予算委員会で、安倍首相は〈今回の書き換えについて、「改ざんという指摘を受けてもやむを得ないのではないか」との認識を示した〉（読売26日付夕刊1面）のです。

その結果、翌27日付の朝刊1面で読売には〈学校法人「森友学園」への国有地売却に関する決裁文書の改ざん問題で〉という表現が登場しました。日経も27日付朝刊2面で〈決裁文書を財務省が改ざんした問題で〉と書きました。

安倍首相が認めた途端に「改ざん」と〝書き直す〟。新聞社として恥ずかしくはないですか。

（2018年3月30日）

地銀の経営統合承認
公取委の独立性、大丈夫？

2018年8月24日、ふくおかフィナンシャルグループ（FFG）と十八銀行の経営統合を公正取引委員会が認めたことが大きなニュースになりました。なぜ大きなニュースか。それは、経営統合の方針をめぐって、推進派の金融庁と、慎重派の公取委が対立していたからです。

日本銀行の低金利政策で全国の地方銀行の経営は苦しくなっています。そこで銀行同士が経営を統合して経営の効率化を進めるべきだ。金融庁は、こういう方針を打ち出していますが、経営統合によって地域で独占状態が発生しては困る。これが公正取引委員会の立場です。

なぜここで公取委が登場するのか。公取委は独占禁止法の運用の番人。ライバル企業が一緒になることでフェアな競争が行なわれなくなることがないように監視しているからです。ＦＦＧの傘下には長崎県佐世保市に本店のある親和《しんわ》銀行があり、長崎市に本店のある十八銀行と合わせると、長崎県内での融資の比率が７割に高まってしまうからです。これが離島では２行でほぼ１００％になってしまうところも出ます。

こうなると、銀行からお金を借りる側が弱い立場になります。２行以外に資金を借りる銀行が地域に存在しなくなると、高い金利を押し付けられても拒否できなくなる恐れがあるからです。

独占企業は大きな力を持ちます。ライバルがいなければ競争が生まれず、長い目で見れば健全な資本主義の発展につながらない。この観点から、戦後まもない１９４７年に独占禁止法が成立しました。この法律を運用するのが公正取引委員会です。「内閣総理大臣の所轄《しょかつ》に属する」（第27条2）と定められていますが、「公正取引委員会の委員長及び委員は、独立してその職権を行う」（第28条）と独立性が認められています。

ＦＦＧと十八銀行は２０１６年経営統合の方針を打ち出しましたが、公取委が待ったをかけました。ところが、この方針に金融庁が反発。2018年4月に統合の必要性を訴えるリポートを発表していました。さて、公取委の判断やいかに。金融業界で大きな注目を集めていました。

結果の見通しを各紙が24日の朝刊で伝えました。日経新聞は1面で、公正取引委員会が統合を認め、「24日にも発表する」と報じました。これを追いかけたのが朝日新聞。発表当日の夕刊トップで大きく掲載しました。たとえ他社に抜かれても大きく扱うのは、立派な心がけです。

では、公取委はなぜ経営統合を認めることになったのか。25日朝刊の日経新聞の解説です。

〈突破口となったのは、融資先企業に競合する金融機関に借り換えてもらう手法だ。佐賀銀行や長崎銀行など周辺の地銀、信用金庫やメガバンク、商工組合中央金庫など約20の金融機関が受け皿となり、貸出額で計1千億円弱相当を移す。これにより長崎県内での中小向け融資シェアは18年1月時点の約75％から約65％に下がる〉

〈今後は長崎県での統合の行方を横目に再編を模索してきた他の地銀の動向が焦点になる〉

この解説でわかるように、今回の公取委の判断で、全国の地方の金融機関の統合が大きく進むかもしれません。それだけ重大な判断でした。

今回の公取委の判断の理由はわかりましたが、ここで注目されるのは25日付朝日新聞朝刊3面の解説記事です。

〈かたくなな公取委の姿勢を変えたのは、債権譲渡だけだったのか。金融界で指摘されるのは、6月、官邸肝いりの「未来投資会議」(議長・安倍晋三首相)で地域金融のあり方も議論されることになった影響だ。会議で具体策が打ち出されたわけではないが、「あれで風向きが変わった。公取委への牽制《けんせい》になったのでは」(地銀幹部)との声がある〉

これが本当なら、ここでも「忖度」が働いたのでしょうか。公取委の独立性が問われる事態ではないのか。その後の追跡取材が望まれます。

（2018年8月31日）

INF全廃条約、米が破棄表明　軍拡競争はどうなる？

2018年10月20日、アメリカのトランプ大統領が「中距離核戦力（INF）全廃条約」を破棄する方針を表明しました。軍拡競争が再開されるのでしょうか。衝撃的なニュースです。当然10月22日朝刊各紙は1面トップで扱っている……と思ったら、読売新聞は左肩に押しやられています。被爆国の日本に住む私たちにとって気がかりなニュースを上回る大ニュースとは、何なのか。

それは、北海道地震で起きた広範囲の停電「ブラックアウト」について、「検証委員会が取りまとめた中間報告の原案が21日、判明した」という記事でした。

これは、特ダネだという意識なのでしょうね。たしかに他紙には出ていませんから「独自ネタ」ではあるのでしょうが、中間報告ではなく、その「原案」がわかったというもの。こう言っては失礼ですが、読者があっと驚く情報ではありません。

新聞社として、他紙が知らない情報を得たら大きく扱いたいという気持ちになるのは当然でしょう。私も特ダネ競争をしていた記者経験があるので、よくわかります。でも、核開発競争が再開されそうだというニュースを上回るものでしょうか。

読売の記事は、扱いが小さいせいでしょうか、中身も薄いものです。問題の条約について、「米国と旧ソ連が、射程500～5500キロの中距離核ミサイルを全廃し、恒久的に放棄することを定めた条約。1987年、当時のレーガン米大統領とソ連共産党のゴルバチョフ書記長が調印し、東西の緊張緩和や冷戦終結につながった」と説明しています。これはこれでまとまっていますが、そもそも中距離核ミサイルはなぜ「射程500～5500キロ」という定義になっているのか、読者の疑問に十分答えるものになっていません。

朝日はどうか。同日朝刊2面にこう記しています。

〈ＩＮＦ全廃条約は、１９７０年代にソ連が欧州に照準を合わせた新型の中距離弾道ミサイル「SS20」を配備し始めたことに端を発する。米国は対抗策として新型の地上発射式巡航ミサイルを欧州に配備し、両陣営の緊張が高まった。転機は85年、ゴルバチョフ書記長が就任したことで、米ソ間の交渉が加速。米ソ首脳は87年、中距離核戦力の全廃を決めた画期的な条約を結び、緊張緩和に大きな役割を果たした〉

この条約が、いかに大きな意味を持つものだったのかが、これでわかります。それだけにトランプ大統領の破棄表明は衝撃的だったのです。

この記事で、なぜ「中距離」の名前がついているかもわかります。旧ソ連圏から発射してイギリスやフランス、西ドイツに届くミサイルだったからですね。

ちなみに読売の記事で出てくる5500キロという数字は、5500キロ以上の射程を持つミサイルは、アメリカからソ連、ソ連からアメリカへと大陸を越えて飛ぶ大陸間弾道ミサイルに分類されるからです。

ただ、なぜアメリカが条約を破棄しようとしているのかは、毎日の記事がわかりやすくなっています。

〈条約締結当時、条約が禁じる射程500〜5500キロの地上発射型の弾道・巡航ミサイルを保有する国は限られ、米ソ2大大国が加入すれば事足りた。だが時代は多極化へと変わった。ミサイル輸出や技術拡散により、現在は中国やインド、パキスタンに加え、北朝鮮やイランもこれらのミサイルを保有する。条約に縛られる米露だけがこの種のミサイルを保有しないという皮肉な状況が続いていた〉

これでアメリカ側の事情もわかりますが、毎日の記事は続けてこう書いていきます。

〈一方で、米国のＩＮＦ条約離脱の効果は「限定的」との見方が米専門家に根強い。条約は地上発射型だけを禁止しており、潜水艦を含む海上艦船や航空機から発射するミサイルは対象外。米国はこれらの兵器をすでに大量保有しているため、現状でも十分に危機に対応できると見る向きが多い〉

なんだ、中距離ミサイルを大量に持っているではないか。軍拡競争は続いていたのです。

（2018年10月26日）

第三章

難しい話や専門用語を
どのように
やさしく伝えるのか？

ノーベル賞受賞報道

科学についてわかりやすく伝えるには

最先端の科学ニュースを読者にわかりやすく伝えるにはどうしたらいいか。日本人がノーベル賞を受賞したニュースでは、科学担当記者の真価が問われます。

2016年度のノーベル医学生理学賞に東京工業大学栄誉教授の大隅良典《おおすみよしのり》氏の受賞が決まったことを新聞各紙はどう伝えたのでしょうか。10月4日付朝刊各紙を見てみましょう。

〈授賞理由は「オートファジー（自食作用）の仕組みの発見」。細胞が自分自身の一部を分解し、栄養源としてリサイクルしたり、新陳代謝したりする仕組みを明らかにした。様々な生物に共通する根源的な生命現象の謎を解いた〉（朝日新聞）

〈大隅氏は生物が細胞内でたんぱく質を分解して再利用する「オートファジー（自食作用）」と呼ばれる現象を分子レベルで解明し、生命活動を支える最も基本的な仕組みであることを突き止めた〉（毎日新聞）

〈酵母から人間まで共通する細胞内の根源的な生命現象を遺伝子レベルで明らかにし、がんや神経疾患の治療研究に道を開いたことが評価された〉（読売新聞）

とにかく画期的な研究成果であることはわかりますが、文系人間も多い新聞読者のために、さらに丁寧な説明が必要です。

〈呼吸や栄養の消化、生殖など生命のあらゆる営みにたんぱく質は欠かせない。人は体内で1日に約300グラムのたんぱく質をつくるが、食事での補給は70〜80グラムとされる。不足分は、主にオートファジーで自分自身のたんぱく質を分解し、新しいたんぱく質の材料として再利用している〉（朝日）

なるほど、だから「自食作用」というのだとわかります。この解説文は1面に載っています。こういう説明が必要ですね。

〈動物細胞の場合、細胞内に現れた膜が、分解酵素を含んだ器官「リソソーム」と融合し、不要なたんぱく質を分解して再利用する。このオートファジーがうまく働かないと、受精卵は正常に成長できない〉（読売）

こちらは、1面でいきなり専門的な解説です。この解説も必要でしょうが、1面だと文系読者に抵抗感があるでしょうね。専門的な解説をする別のページに回したほうがよかったのではないでしょうか。

大隅氏の研究が画期的なものであることはわかりますが、そのためにどれだけ地道な研究をしたかがわかるのは毎日新聞の記事でした。

〈大隅氏らは酵母の遺伝子に無作為に傷をつけて突然変異を起こした酵母を5000種類も作り、その中から一つだけオートファジーができない酵母を見つけ出した。他の酵母が飢餓状態になっても1週間程度は生きるのに対し、この酵母は

同条件で5日後には死んだ。飢餓を乗り切るのに必要なたんぱく質の合成が追いつかず、早死にしてしまったのだ〉

研究とは、いかに地道なものであり、どのように進めていくかが、短い文章で説明されています。

大隅氏は基礎研究に力を入れることが必要だと記者会見で話していましたが、朝日がそれをきちんと書いたのは4日付夕刊になってから。

〈「この研究をやったら役に立つというお金の出し方ではなく、長い視点で科学を支えていく社会の余裕が大事」とし、「それがやれなければ日本の研究は貧しくなっていく」とも述べた〉

これに対して、日経新聞は、受賞を伝える4日付朝刊で、すでにこう書いています。

〈近年の日本は経済成長や産業競争力を目標に、科学技術をその推進役にしようと躍起だ。重点投資を看板にする政府プロジェクトはあるが、約5年で成果を出すように求められる。それで実現する成果は予想された範囲にとどまり、社会へのインパクトは新しい発想から生まれた非連続な研究に及ばない〉
〈研究の土壌を地道に耕さないと、大きな実りを得られない。基礎研究を大切にする政策が必要だ〉

祝賀記事ばかりでなく、問題点も指摘する。新聞の大事な役割です。

（2016年10月28日）

フランス「第５共和制」とは？
専門用語、丁寧に解説を

フランスの大統領選挙は、２０１７年４月23日の投票の結果、中道独立系のエマニュエル・マクロン前経済相と右翼・国民戦線のマリーヌ・ル・ペン氏の決選投票と決まりました。

４月25日付朝日新聞の朝刊１面トップで結果を伝える記事は、こう書きます。

〈欧州連合（ＥＵ）の統合深化を含めたグローバル化を進めていくべきか、社会を開くことと閉じることのどちらが国民のためになるか、など論争の構図が鮮明になった〉

これは、不思議な文章です。「ＥＵの統合深化を含めたグローバル化を進めていくべきか」と書き出したら、後に受けるのは、たとえば「それともEUから離脱の道を選択するのか」でしょう。

あるいは「社会を開くことと閉じることのどちらが国民のためになるか」という文章があれば、前段のEUに関する文章は不必要です。

まあ、ここは目をつぶって、先に進みましょう。次は、これです。

〈大統領の権限を強めた1958年からの「第5共和制」で初めて、2大政党抜きに大統領の座が争われる展開だ〉

いまの政治体制になって初めての事態だと言いたいことはわかりますが、フランスの政治に詳しくない読者は「第5共和制」でつまずくでしょう。何のことかわからない人が多いはずだからです。この記事を書いている記者はパリ支局勤務ですから、フランスの歴史にも政治にも詳しく、つい専門用語を使ってしまうのでしょう。これが、専門家の陥りやすい罠《わな》です。

こういうときは、原稿を受け取った東京のデスクが、「読者にはわからないぞ」

と指摘して、書き直させるか、「第5共和制とは」という用語解説を付加するかすべきだったのではないでしょうか。

第5共和制とは、たとえば「フランスは政治体制が大きく変わるたびに、第2共和制や第3共和制などと呼ぶ。1958年、シャルル・ド・ゴール将軍が第4共和制を大きく変えたので、この名がある」とでも解説をつけておけばよかったのではないでしょうか。

では、毎日新聞はどうか。

〈政治体制「第5共和政」が始まった1958年以来続いてきた保革2大勢力の候補がそろって敗れ、伝統的な対立構図が崩れた〉

おや、こちらは「共和制」ではなく「共和政」を使っています。毎日は朝日の「大統領の権限を強めた」という説明もなく、一段とわかりにくい記事です。

次は読売新聞です。

〈伝統的に政権を担ってきた中道左派と中道右派の2大政党のいずれの候補も決選投票に進めなかったのは、現在の選挙制度で大統領選が行われた1965年以降では初めてだ〉

この記事は、専門用語を使っていません。第5共和制が始まったのは1958年ですが、このときの大統領選挙の有権者は国会議員など少数に限られ、一般国民は投票できませんでした。いまのような制度で初めて行なわれたのは1965年からですから、読売の記事が妥当でしょう。

決選投票では、ル・ペン候補には抵抗感を持つ有権者も多いでしょうから、マクロン候補が有利だろうという見方が浮上しています。しかし、朝日の前述の記事には、次のような解説があります。

〈米大統領選では、TPP批判の急先鋒《きゅうせんぽう》だったサンダース氏の支持者には民主党のクリントン候補への抵抗感があり、共和党のトランプ氏に有利に働いたとみられている。仏大統領選でも、左派の一部にはマクロン氏は新自由主義的だと映

る。棄権率が高まれば、ルペン氏に有利になる〉

まさかトランプ大統領になるとは思っていなかったメディアも多かったですから、「予断を許さないぞ」と注意喚起しているのですね。

この記事が出ている新聞の14面の「朝日川柳」に、こんな句がありました。

〈トランプに懲りてルペンを吹くメディア〉

（2017年4月28日）

地球史に「チバニアン」足りない具体性、不親切

大きなニュースにはなったけれど、科学に弱い読者にはピンと来ない。そこは新聞の出番です。

最近話題になったのが「チバニアン」。ラテン語で「千葉時代」という意味だそうです。どういうことなのか。2017年11月14日付朝刊の朝日新聞1面には、次の記事が出ています。

〈約77万〜12万6千年前の時代が「チバニアン（千葉時代）」と呼ばれる可能性が出てきた。千葉県市原市の地層が、地質年代の境界を代表する「国際標準模式地」の候補に残ったためだ。地球の磁極が逆転した痕跡が確認できる点が「国際地質科学連合」の下部組織で評価され、競合するイタリアの地層を1次審査で13

日までに破った結果、唯一の候補となった〉

この文章が、一般の読者にどこまで理解できるのでしょうか。この地層が、なぜ選ばれたのか。

〈地球は過去にN極とS極が何度も入れ替わっており、最後の逆転が77万年前だったとされる。同地層では堆積《たいせき》物から、この逆転現象を精度よく見ることができる〉

ますますわからない。「地球はN極とS極が何度も入れ替わっており」というのは、専門家にとっては常識ですが、一般読者には驚天動地の新知識でしょう。ここでいう「N極とS極」が何を意味するかわからない人もいるはずです。地球が大きな磁石であることを、この段階で書き込むべきでしょう。

これに関しては、同日付の38面に解説があります。そこでようやく磁石のことが出てきます。

〈地球は大きな磁石だ。過去に何百回もN極とS極が入れ替わっており、最後の逆転が起きた時期の特定が課題だった。磁力をもつ鉱物が含まれる岩石を調べれば、その時代のN極とS極の向きがわかる〉

最後の逆転が起きた時期がわかったからといって、なぜこの地層に特別の名前がつくのか、この記事だけではわかりません。同日付の毎日新聞の記事を読んでみましょう。

〈地球の磁場を示すN極とS極は過去360万年の間に計11回、逆転したと考えられ、この地層はその最後の逆転を示す証拠とされる。磁場の逆転は、地球中心の核が影響しているとみられるが、原因は解明されていない。中期更新世は最後の逆転を「境界」にすることが決まっており〉

なるほど、「最後の逆転」の時期が特定できれば、そこが境界となり、新しい名前がつけられることになっていたのですね。
でも、なぜ磁場の逆転が起きているのか。「原因は解明されていない」と書いてあれば、ああ、わかっていないのだと納得できます。朝日の記事には、それすらもないのです。
次に同日付の読売新聞の記事を見ましょう。

〈地質時代は、地球のN極とS極が入れ替わる地磁気の反転や生物の大量絶滅などを境に、115に区分される。同連合（国際地質科学連合のこと）が各時代の代表的な地層1カ所を「国際標準模式地」に選び、時代名を決める。今回の時代は最適な地層が決まっておらず、名前がなかった〉

だからチバニアンという名称になりそうなのですね。

〈国立極地研究所など日本のチームは、市原市の地層に、この時代の特徴を示す地磁気反転の痕跡を発見。環境がわかる花粉や海の微生物化石などのデータもそ

ろえ、今年6月、この地層を国際標準模式地とするよう同連合に申請、「チバニアン」の命名案を発表した〉

朝日の記事で「堆積物から、この逆転現象を精度よく見ることができる」とあるのは、花粉や海の微生物化石のことだったようです。ここまで具体的に書いてほしいですね。

このニュース、もっと詳しい解説が読みたくなります。読売は16日付朝刊で、地球が磁石であるわけを含め、詳しい解説記事を掲載しました。朝日は22日付朝刊でようやく解説が出ましたが、あまりに遅すぎます。読者に不親切です。

（2017年11月25日）

1面トップに「ABC予想」掲載すべきニュースかどうか

私の好きな小説のひとつに小川洋子さんの『博士の愛した数式』（新潮文庫）がありま す。小説の中のヒロインが「博士」と呼ぶ男性は「数論専門の元大学教師」。博士の部屋にある書籍といえば『連続群論』『代数的整数論』『数論考究』などという書名ばかり。「これほどたくさんの本があるのに、読みたいと思える本が一冊もないのは不思議だった」と描写されます。

数字が大好きな博士は、たとえばこういう説明をします。「220の約数の和は284。284の約数の和は220。友愛数だ」

この博士は何の研究をしていたのか。「数学の女王と呼ばれる分野だね」「女王のように美しく、気高く、悪魔のように残酷でもある。一口で言ってしまえば箇単なんだ。誰でも知っている整数、1、2、3、4、5、6、7……の関係を勉強していたわけだ」

この一節を思い出したのは、朝日新聞の2017年12月16日付朝刊1面トップを見たからです。そこには大きく〈数学の超難問ABC予想「証明」〉という見出しが躍っていました。

これには驚きました。こりゃいったい何の話なのだ、という驚きです。大きく扱われているからには、大きなニュースらしい。前文には〈長年にわたって世界中の研究者を悩ませてきた数学の超難問「ABC予想」を証明したとする論文が、国際的な数学の専門誌に掲載される見通しになった〉と記述されています。

こう書かれると、ニュースらしい。では、「ABC予想」とは何なのか。

〈ABC予想は、整数の性質を研究する「整数論」の難問で、85年に提示された。整数aと整数bの和がcのときに成立する特別な関係を示す〉

なるほど、そういうことなのか……などとは言えません。何のこっちゃ、です。これは果たしてニュースなのか。

私はよく朝日の記事のわかりにくさを批判しますが、この記事は批判のしようがありません。そもそも全く理解できないからです。理解できないものを評することはできませんが、だからといって、こんなものを掲載するな、と言いたいのでもありません。こういう記事が掲載されることがあるから新聞というのは面白いものなのです。

それにしても、1面トップに据えるとは、この日の紙面の責任者には勇気があります。「なんだ、この意味不明の記事は」「これがニュースか」という読者のお叱りが予想できるからです。「もっと大事なニュースがあるだろう」という文句もありそうです。では、この日の朝刊で他紙は何を1面トップにしていたのか。

毎日は来年度予算案の額を決める最終調整に政府が入ったという記事。読売は「平成時代」と銘打った企画シリーズの初回。日経は地方銀行の経営不振の現状に関するリポートです。

こうした記事を見ると、業界用語で「暇ネタ」ばかり。大きなニュースがない日の紙面づくりです。この記事は、こういう日のためにしばらくストックされていたのではないかと推測してしまいますが、実態はどうだったのか。

新聞社は、日々の紙面に関し、「紙面審査報」のような形で社内の担当者が記事を論評する仕組みを作っています。きっとこの記事の掲載をめぐっては、批判もあったのではないでしょうか。

でも、12月18日付朝刊の「天声人語」が助け舟を出します。この記事について〈寸毫《すんごう》も理解できぬ身ながら、「整数論における最大級の未解決問題」と聞けば心は躍る〉。

これが正直な感想でしょう。まるで日本人がノーベル物理学賞を取ったときのような反応です。

こうなると、新聞に掲載すべきニュースとは何か、という問題に逢着《ほうちゃく》します。読者のみんなが理解できなくてもニュースだと思えば報じればいい。いやいや、そんなことを続けていたら、紙面はひとりよがりになる。議論は尽きません。

掲載の判断もまた難問なのです。

（2017年12月22日）

日銀総裁人事の報道
異次元・出口、何のこと？

２０１８年2月現在、日本のメディアは冬季五輪一色。他に大事なニュースが存在しないかの様相を呈していますが、そんなことはありません。４月で任期切れを迎える日本銀行の黒田東彦《はるひこ》総裁を再任する人事案が今月16日に安倍内閣から国会に提示されました。

黒田総裁のもと、日銀は大胆な金融緩和を進めてきました。総裁再任で、この緩和路線は今後も続くことになるでしょう。では、これまでの緩和とは、どんなものか。日銀が現在抱える課題とは何なのか。新聞各紙は読者にわかりやすく伝えたでしょうか。２月17日付朝刊の記事に絞って検証します。

朝日は3面の総合面でこれまでの政策を総括しています。

〈黒田総裁続投で異次元緩和路線が続くことになるが、開始後5年で政策の副作用が目立ってきている。大量の国債買い入れで日銀の国債保有は発行額の4割超に達し、超低金利が常態化。財政規律は緩み、年金を運用する国債利回りの悪化は老後不安も呼んだ。上場投資信託（ＥＴＦ）の買い入れは株価をゆがめると指摘される。これだけの緩和でも物価上昇率は2％に届かず、目標達成は6度も先送りされた。緩和を歓迎していた経済界の空気も変わってきた〉

問題点をコンパクトによくまとめていると思いますが、いきなり「異次元緩和路線」という用語が出てきました。経済記事をどう書くか、難しい課題のひとつが、こうした言葉です。経済に詳しい読者にとってみれば「異次元緩和」の説明は不要です。日経新聞なら必要ないでしょう。でも、朝日は一般紙。経済に詳しくない読者もいることを想定する必要があります。この記事の中でわざわざ「異次元緩和」を解説する必要はないでしょうが、どこかで用語解説を入れると読者に親切です。

「異次元緩和」の用語は読売も説明がないまま使っていますが、毎日は「従来の金利操作を中心とする金融政策とは異なる、異次元の量的緩和策を実施した」と書いています。これで異次元の意味はわかりますが、今度は「従来の金利操作」という難解な表現が登場。読者の悩みは深くなります。

この点について読売はどうか。

〈本来の金融政策は、景気が悪くなった際には利下げを行って経済を下支えし、景気が良くなった際には利上げを行って経済の過熱を防ぐというものだ。日銀が行っている現在の大規模な金融緩和は、「非伝統的な金融政策」とも呼ばれる〉

ここでは「異次元緩和」という言葉を使っていませんが、実質的に、その内容の説明になっています。

最初に引用した朝日の記事では「大量の国債買い入れ」という言葉が出てきます。これが「非伝統的な金融政策」の意味ですが、日銀は、なぜ国債を大量に買い入れるのか。どこから買い入れるのか。こんな疑問を持つ読者もいるはずです。

ここは、たとえば「民間の金融機関はお金を貸し出す先がなかなか見つからないため、政府が発行する国債を買い、その利子で収益を上げようとしている。これでは景気回復につながらないので、日銀は民間が保有している国債を大量に買い上げ、代金を民間の銀行口座に振り込んでいる」と書いたらどうでしょう。この後には、読売の次の文章をつなげればいいのです。

〈お金の量が増えれば金利が下がり、企業が設備投資に踏み出すほか、物価が上がると考える人が増えれば、人々が今のうちにお金を使うようになるとの狙いがあった〉

今回の各紙の記事で他に気になったのが「出口」という用語です。朝日は9面の記事の見出しに「緩和の出口　市場注視」と書きました。他紙の記事にも「出口」が頻出します。これは異次元の金融緩和を縮小し、伝統的な金融政策に戻すことを意味します。日銀担当記者は日常的に使っているので、そのまま書くのでしょうが、具体的に何を意味するのか説明することが求められます。新聞記事は

「誰のためのものか」を常に胸に刻んでほしいのです。

（2018年2月23日）

「あおり運転」裁判の判決　専門用語かみ砕く努力を

２０１８年６月、神奈川県大井町の東名高速道路でワゴン車が「あおり運転」で停車させられ、大型トラックによる追突で夫婦が死亡した事件。横浜地裁は危険運転致死傷罪の成立を認め、被告に懲役18年の判決を言い渡しました。

この事件では、ワゴン車が停車させられたことが、「危険運転」に該当するかどうかが焦点でした。事件が許しがたい犯罪行為であることは明らかですが、法律は法律。「許しがたいから」といって、条文を拡大解釈することは問題がありますます。この困難な判断の意味を、どう読者に理解してもらえるか、記者の腕の見せどころです。

12月15日付朝刊各紙のうち朝日の1面記事を読むと、次のような文章がありました。

〈自動車運転死傷処罰法は危険運転の要件を「重大な危険を生じさせる速度で運転する行為」としている〉

あれれ、この記事の冒頭では「危険運転致死傷罪の成立を認め」とあるのに、続く本文では「自動車運転死傷処罰法」という法律名が登場します。この二つは、同じものなのか、別のものか。記事を読んでもわからないのです。

この点、毎日や読売は「自動車運転処罰法違反（危険運転致死傷）」などと書いていますので、一体のものなのだろうと推測できます。

これは、自動車運転死傷行為処罰法の第2条のことなのです。第2条に「危険運転致死傷」という小見出しがあり、その4に「人又は車の通行を妨害する目的で、走行中の自動車の直前に進入し、その他通行中の人又は車に著しく接近し、かつ、重大な交通の危険を生じさせる速度で自動車を運転する行為」と書いてあります。これが「危険運転致死傷」です。

ですから、朝日の記事で「自動車運転処罰法違反」という名称を使いたければ、「自動車運転処罰法が定める危険運転致死傷罪」と書いておけばよかったのではないでしょうか。

裁判を傍聴し、適用法令を熟知するようになると、ついつい専門用語をそのまま使ってしまいます。でも多くの読者は専門知識があるわけではありません。もっと読者の気持ちになって原稿を書いてほしいですし、現場の記者がこういう原稿を書いてきたら、デスクが注意を与えるべきでしょう。

裁判の焦点は、法律で危険運転を「重大な危険を生じさせる速度で運転する行為」としていることから、被告が被害者のワゴン車を停車させたことが該当するかどうかです。

この点について朝日の記事は、判決が、〈停車は「一般的に危険を生じさせないのは明らか」で、「文言上、運転に含まれると読むのも無理がある」と述べ、「高速道路での停車は危険運転にあたる」という検察側の主張を退けた〉と解説しています。

その上で判決文が、あおり運転などの妨害が危険運転に該当することを認め、高速道路の追い越し車線で交通量もあり、夜間であったことから「妨害により生じた事故の危険性が現実化した」という理由で「危険運転致死傷罪が成立すると結論づけた」と書いています。

裁判官や一般市民の裁判員たちが、法律の条文を卑劣な犯行にどう適用するか苦吟したのだろうなあと推測できる内容になっています。

また、実際にどのような「あおり運転」があったか図解しています。これを見れば、被告がいかに執拗《しつよう》に被害者の車を妨害したかがわかります。この点では、図解が全くない毎日や、簡単な図解しか掲載しなかった読売よりはわかりやすいものになっていますが、意外にも（!?）日経新聞の図解は朝日より詳しく、わかりやすいのです。

それにしても、この法律が制定された当時は、高速道路上で停車をさせるという嫌がらせが起きるとは想定外でした。その点について日経新聞は法律の専門家の談話を掲載。〈強制的に停車させる行為は高速道路上だけでなく、一般道でも危ない。速やかに法改正して強制停車も危険運転行為として明文化すべきだ〉という談話は説得力がありました。

（2018年12月21日）

勤労統計の不正調査問題の焦点、より丁寧に

厚生労働省の「毎月勤労統計」の不正調査には驚きを通り越してあきれるしかありません。これは厚労省の担当者による悪意ある捏造《ねつぞう》なのか、それとも統計の意味を理解しない無能ゆえの所業なのか。

どのような理由であれ、途中でこっそりと修正を始めた結果、２０１８年６月の「現金給与総額」は前年同月比で３・３％増という高い数字になりました。実に21年5カ月ぶりの高い伸びだそうです。

これだけを見たら、「アベノミクスの成果が出て、給料が増え始めたぞ」と主張できることになります。

まさか、こんなところまで安倍政権に対する忖度《そんたく》が広まっているとは思いたくありませんが、疑惑を招いてしまいます。

この問題について、朝日新聞は連日大きく報道しています。この問題意識はいいのですが、記事となりますと、もう少し読者に親切な表現にしてほしいと言いたくなります。読者の多くは、「統計」という文字を見ただけで、その先へ読み進む意欲を失ってしまうからです。

たとえば２０１９年1月22日付朝刊の１面には、左記の表現があります。

〈この統計は賃金の動向などを毎月調べて発表するもので、政府の「基幹統計」の一つ。従業員５００人以上の事業所はすべて調べるルールだが、厚労省は２００４年から東京都分の約１４００事業所のうち、約３分の１を勝手に抽出して調べていた〉

これが問題のポイントですが、統計に詳しくない読者が初めて読んだときには、これのどこが問題なのかピンと来ない恐れがあります。東京都内の従業員５００人以上の事業所といえば、大企業の割合が高くなります。給料も中小企業よりは多いでしょう。そうした企業を3分の2も排除して集計したのであれば、勤労世帯の平均給与は実態より低く出ます。今回の事件の概要を説明する記事では、煩わしくてもここまで丁寧に書いておいたほうがいいでしょう。

こうして実態より低く出た数字が雇用保険や労災保険の給付額に反映されていたわけですから、多くの人への支給額が低くなってしまいました。単なる統計上の数字の問題ではなく、実に大勢の人に実害を与えたのです。

統計処理が誤っていたために給与水準が実態より低くなっていたわけですが、2018年の給与水準の高い伸びは、データを修正しただけではなかったことが、同日の朝日新聞4面に出ています。

〈一方、算出方法も変更され、従業員30～499人の事業所の調査対象も半数が入れ替わった〉

その結果、「現金給与総額」が大幅に上昇したというのです。手順を踏んだ入れ替えだったとしても、大幅な「給与の伸び」を見せるための調査対象入れ替えに見えてくるではありませんか。

厚生労働省といえば、２０１８年は裁量労働制をめぐり、直接比較できないのに裁量制で働く人と一般労働者の労働時間を比較した資料を作成していました。

この結果、安倍晋三首相が衆議院予算委員会で「裁量労働制で働く方の労働時間の長さは、平均的な方で比べれば一般労働者よりも短いというデータもある」という間違ったコメントをしました。あのときに統計データの処理の仕方に気をつけなければならないことを骨身にしみて理解していたと思ったのですが。

このことを思い出した読売新聞のコラム「編集手帳」の担当者は、21日付朝刊でこう締めています。

〈厚労省の不祥事発生率は統計上、有意に高い。あまりに嘆かわしい〉

日経新聞のコラム「春秋」も負けていません。すでに19日付朝刊で、こう皮肉っています。

〈古今東西、統計をめぐる名言は少なくない。「統計であらゆることが証明できる。ただし真実を除いて」もその一つ。だがもう、少しも笑えない。真実を指摘している言葉だとしか思えないからだ〉

政府の発表が信じられないとは、恐ろしいことです。

（2019年1月25日）

欧州議会選で見えたもの　EU懐疑派の定着、なぜ

イギリスの離脱をめぐる混乱など、このところニュースになることの多い欧州連合（EU）ですが、欧州議会選挙の結果が出ました。欧州議会の存在は、なかなかわかりにくいものです。

その役割を解説しているのが朝日新聞の2019年5月28日付朝刊「いちからわかる！」です。

〈欧州議会はEUの法律づくりの大半に関わる。行政組織の「欧州委員会」がつくった法律や予算の原案について、加盟国の大臣でつくる「EU理事会」と一緒に承認する。日本とEUの経済連携協定も、欧州議会の承認が必要だった〉

本当は、「国家に立法・行政・司法の三権があるように、ＥＵの立法権を持つのが欧州議会」と説明したくなるのですが、ここで説明があるように、「ＥＵ理事会」と一緒に承認することになっているので、単純に「立法権を持つ」と言い切れないところが困ったところです。結果的に「欧州議会はＥＵの法律づくりの大半に関わる」という抽象的な表現になってしまいます。

一方、日経新聞5月26日付朝刊は、〈欧州議会はＥＵの「下院」に相当し、予算案や法案に影響力を持つ〉と説明しています。「なるほど！」と納得した人がどれだけいるでしょうか。もし欧州議会が「下院」であるならば、「ＥＵ理事会」は「上院」に当たるのでしょうか。一段と迷宮に入っていくような気がします。

ここはまあ、名前の通り、「ＥＵの議会」の選挙が行なわれたと受け止めておきましょう。選挙結果はどうだったのか。朝日新聞28日付朝刊3面は、こう報じています。

〈1979年の第1回選挙以来、議会を主導してきた中道の左右両派の退潮で、初めて合計で過半数割れする歴史的な結果となった。リベラルや緑の党の伸長で親EU派としては多数を維持するものの、EU懐疑派勢力が定着し、一部は拡大する見通しだ〉

EU懐疑派勢力はなぜ定着したのか。その理由がわかる記事が、投票結果が判明する前の26日付朝刊に掲載されていました。見出しは「忘れられた地方　右翼政党が照準」とあります。「忘れられた地方」という表現は、アメリカでトランプ大統領が当選したとき、当選の理由として使われました。中央政治から「忘れられた地方」の人たちが、現実への不満から極端な言動の候補者を支持したという分析です。

記事の中で、フランスの右翼政党の国民連合の集会に参加した年金生活者は「地方の実情をろくに知らない（EU本部の）ブリュッセルでものごとが決まるから、ますます生活が悪くなる」と語っています。アメリカの「忘れられた地方」の人々が首都ワシントンを敵視したように、ここではブリュッセルが敵視の対象です。

〈隣国ドイツでは2013年にできた右派政党「ドイツのための選択肢（AfD）」が経済的に恵まれない地方の「忘れられた人たち」を格好の集票対象にしている〉

アメリカもEUも同じ状況にあることが、この記事でわかります。

こうした状況を経済から分析した記事が、やはり日経新聞の同日付朝刊に掲載されています。スウェーデンのシンクタンクのデータをもとに、こう解説します。

〈2018年までに実施された直近の選挙でのポピュリズム政党への投票率はイタリアが56・7%、ギリシャは57%と過半を超え、10年前に比べてそれぞれ約40ポイントも上昇した。直接的な要因は長引く景気低迷だ。18年の失業率はギリシャが19・3%、イタリアが10・6%に達した。こうした状況のなか、雇用や治

安の悪化を全部ひっくるめて移民のせいにし、野放図な財政拡張を主張するポピュリズム政党が人気を得てしまう構図だ〉

失業率の高さとポピュリズム政党の支持率の高さは相関関係にある。なるほどという分析です。経済が落ち込む中でヒトラーのナチスが伸長した第2次世界大戦前の欧州を想起してしまいますが、この連想は当たっているのか、心配しすぎなのか。解説を待っています。

（2019年5月31日）

第四章

新聞は「誰のためのものか」。報道は歴史になる

加計学園「総理の意向」文書
それでも認めないトップ

2017年5月16日の夜7時、NHKニュースが「秋篠宮ご夫妻の長女の眞子さまが、大学時代の同級生の男性と婚約される見通し」という特ダネを報じました。これを受けて新聞各紙は翌17日の朝刊で追いかけます。各紙1面トップで報じる中、異彩を放ったのが朝日です。「眞子さま婚約へ」という記事は2番手で、1面トップに加計《かけ》学園の新学部は「総理の意向」という別の特ダネをもってきたからです。

この紙面構成にするに当たっては、社内で議論があったのではないかと勝手に推測しています。加計学園をめぐる特ダネ記事を1面トップにするか、眞子さまの婚約見通しをトップにするか。

朝日は独自路線を選択しました。いい判断でした。

加計学園の新学部に関し、安倍晋三首相の意向が働いたかどうか。これが最大の焦点でした。それを示す内部文書が文部科学省の中にあったというのですから、スクープです。

〈安倍晋三首相の知人が理事長を務める学校法人「加計学園」（岡山市）が国家戦略特区に獣医学部を新設する計画について、文科省が、特区を担当する内閣府から「官邸の最高レベルが言っている」「総理のご意向だと聞いている」などと言われたとする記録を文書にしていたことがわかった〉

そうか、ついに決定的な証拠が出たか。一読して、そう感じたのです。

朝日の特ダネに敏感に反応したのが毎日です。17日夕刊で、すぐに追いかけました。次のように。

〈毎日新聞が文科省関係者から入手したＡ４判の文書によると、「獣医学部新設に係る内閣府の伝達事項」と題された文書には「平成30年4月開学を大前提に、逆算して最短のスケジュールを作成し、共有いただきたい」「これは官邸の最高レベルが言っていること」と早期の開学を促す記述があった〉

この記事を読むと、毎日が入手した文書は、朝日が得ていた文書と同一のようです。朝日の記事が重要な特ダネだと毎日も理解したのです。

朝日が報じた文書について、同日午前、菅義偉《すがよしひで》官房長官は「どういう文書か。作成日時だとか、作成部局だとか明確になってないんじゃないか。通常、役所の文書はそういう文書じゃないと思う」と語ったそうです（18日付朝日朝刊）。官房長官は怪文書扱いしたのですね。不思議な対応です。

本来、このような重大な事実を推測させる文書の存在が報道されたら、「重大な問題を提起している。早速事実関係を調べてみたい」と答えるべきなのではないでしょうか。それが、怪文書扱いして調べようとしないのは、何か不都合なことがあるからではないかと思ってしまいます。

この官房長官の記者会見でのコメントに、朝日は事実をもって反論します。18

日付朝刊で、作成日時と「対応者」の4人の実名が書かれていると報じたのです。

さあ、こうなったら、実名が記された人たちは、なんと答えるのか。朝日は19日付朝刊で伝えています。18日の国会答弁で、「わからない」「記憶はない」と繰り返したというのです。

さらに20日付朝刊で、文科省が文書の存在を調べたが「存在は確認できなかった」と松野《まつの》博一《ひろかず》文科相が発表したと報じています。「個人が省内で使っているパソコンは調べなかった」というのです。

これを調査というのか。都合の悪い文書の存在が明らかにされたため、関係者たちが右往左往している様子がわかります。

この対応に朝日は追い打ちをかけました。25日付朝刊で文科省の前川《まえかわ》喜平《きへい》前事務次官のインタビュー記事を掲載。事務次官在職中、問題の文書を見たと証言したのです。

怪文書ではなくなりますが、松野文科相は25日の参議院文教科学委員会で、

「すでに辞職された方の発言であり、文科省としてコメントする立場にない」と述べています。何としても認めたくない。教育行政のトップは、こういう人なのです。

（2017年5月26日）

新聞報道の責任
事実を刻む、歴史の証人

新聞は新しい視点や知識を与えてくれます。忖度《そんたく》についての新しい視点を教えてくれたのは、日経新聞の２０１７年7月24日付朝刊でした。世界史に造詣《ぞうけい》の深いライフネット生命保険創業者の出口治明氏の「忖度させるのは誰か」というエッセーが掲載されています。

このところしばしば出てくる「忖度」という言葉。上の意向を忖度することを「いかにも日本的」と評する人もいるけれど、「世界の歴史を学ぶと、それは日本特有の文化ではなくリーダーの資質に起因する世界共通の現象だと分かる。忖度やゴマすりは、それをよしとするリーダーがいなければ行われない。上に立つ者が理路整然としていて、手厳しい指摘や忠告を受け止める度量さえ持っていれば、忖度など存在するはずがないのだ」と出口氏は指摘し、忖度を存在させせなかった7世紀の唐の皇帝・李世民《りせいみん》の治世を取り上げています。歴史に学ぶとは、こういう視点なのでしょう。
翻《ひるがえ》ってわが国では……などと付け加えることはありません。ここでは新聞報道の在り方を見ましょう。

7月10日、国会で前川喜平・前文部科学事務次官が参考人として出席しました。前川氏については、読売新聞が5月22日付朝刊で、東京・歌舞伎町の出会い系バーに通っていたとの記事を掲載していました。

これについて議員に問われた前川氏は、昨秋に杉田和博・官房副長官から注意を受けていたことを明らかにした上で、「官邸と読売新聞の記事は連動しているというふうに感じた。私以外でも行われているとしたら、国家権力とメディアの関係は非常に問題がある」と語ったと7月11日付朝日新聞は報じています。

では、毎日新聞はどうか。同日付の記事で、「(官邸の動向と)読売新聞の記事は連動していると主観的に感じ取った」という前川氏の発言を紹介しています。さらに詳報では、以下のように取り上げています。

「昨年秋に杉田和博官房副長官から事実関係について聞かれた。そのことが読売新聞に出たことを問題にすべきだ。私は官邸と読売新聞の記事は連動していると主観的に感じ取った。私へのメッセージだと感じた。この国の国家権力とメディアの関係は非常に問題がある。もしそれが横行しているとしたら国民として看過できない問題だと思っている」

さあ、前川氏から、これだけ批判された読売新聞です。いったいどのような記事になっているのかと思って、同日付の読売新聞を読んだのですが……。どこにも、この部分の前川発言が掲載されていません。本文の記事はもちろん、「国会論戦の詳報」というページにも一言も出てきません。これでは「詳報」ではありませんね。

新聞とは、日々のニュースを刻むもの。それはやがて「歴史の証人」になります。新聞が一言も報じなければ、事実がなかったことになってしまいます。他の新聞やテレビの報道で知ってくれとでもいうのでしょうか。新聞で報道された内容がやがて歴史になるという、歴史への責任感がないのでしょうか。

一方、この日の国会には、愛媛県への獣医学部誘致を進めてきた加戸守行《かともりゆき》・前知事も出席しました。読売新聞は、加戸氏の発言として、「特区が岩盤規制に穴を開け、ゆがめられた行政が正された」と評価していることを伝えています。

ところが、この加戸発言を、朝日も毎日も本文の中で取り上げていません。詳報のページには、両紙とも加戸発言を丁寧に紹介し、読売よりも、むしろ分量は多いのです。それを読むと、加戸発言は、愛媛県に獣医学部を新設してほしいと地元は以前から要望していたという経緯が述べられています。

これを読むと、加計学園の今治進出は、地元の悲願が実現したものという印象を受けます。今回の一連の出来事を、愛媛県側から見ることで、物事が立体的に見えてきます。

朝日も毎日も、詳報で伝えているとはいえ、本文でもきちんと伝えるべきだったのではないでしょうか。

（2017年7月28日）

テロはなぜ起きたのか
背景の解説もっと詳しく

スペインで2017年8月17日に起きたテロ事件。こういう事件の発生を聞くと、事件がスペイン特有の事情で起きたのか、ヨーロッパ各地で起きているテロ事件と関係があるのか、あるいは日本にまで影響してくるような事件なのか、不安と疑問が募ります。新聞各紙はどう分析しているのでしょうか。

読売新聞は19日付朝刊の2面で解説を掲載しています。スペインで、なぜテロが起きたか。

〈スペインでは今年に入り、テロ発生への懸念が急速に強まっていた。北アフリカなどから海を越えてスペインに上陸する移民・難民が例年以上に増えていたた

めだ。（中略）こうした移民・難民に紛れてイスラム過激派が入国し、大規模なテロを起こす危険性などが指摘されていた〉

今回の事件が難民に紛れて入ってきた過激派の犯行だと断定しているかのような文章です。こんなに簡単に断定していいのかと思ったら、まだ文章が続きます。

〈欧州連合（ＥＵ）でテロ対策を担う責任者は今年３月、読売新聞の取材に対し、シリアやイラクに渡って「イスラム国」などに加わった外国人戦闘員のうち、欧州出身者が約２５００人に上るとの見方を明らかにした。この責任者は、戦闘員がそれぞれの母国に戻り、テロを起こす事態を懸念していたが、スペインもこうした危険と無縁ではない〉

あれれ、一般論だ。

〈バルセロナなどの観光都市では、外国人観光客が住民生活を乱すとして、観光客排斥の動きも強まっている。（中略）テロ発生以前から治安悪化への不安が出ていた。こうした社会の不満や反感が渦巻く状況に、テロリストが潜伏する余地があったとの見方も浮上している〉

治安悪化の一般論も登場しました。それにしても、「社会の不満や反感が渦巻く状況」があると、なぜ「テロリストが潜伏する余地」があるのか。しかも、「見方」をしているのは、誰なのか。

1面にはモロッコ国籍の男3人とスペイン国籍の男1人が拘束されたという記事があるのに、この解説記事にはモロッコが登場しません。結局一般論を並べただけでした。

では、同日朝刊の朝日はどうか。

〈イスラム教徒が多い隣国モロッコに接する飛び地の領土もあり、「過激派の温床」となる懸念は以前からあった〉

これだけだとわかりにくいのですが、この文章よりだいぶ後になって、次の文章が登場します。

〈爆発に関与したとして拘束された男は、モロッコに隣接したスペインの飛び地メリリャ出身だという〉

ようやく具体的な地名が出てきますが、メリリャがなぜ問題か、さらに後になって出てきます。

〈モロッコに隣接するスペイン領メリリャでは近年、ISへの勧誘活動をしていたグループが摘発されている〉

ここまで読んで、ようやくスペインとモロッコの関係が見えてきました。どうして、この三つの文章をまとめた解説記事にしないのか、不満が募ります。

同日朝刊の毎日新聞は、ヨーロッパで自動車を使ったテロが相次いでいることを解説していますが、スペインとモロッコの関係については触れていません。やはり不満。

読売新聞の19日付朝刊の記事にはがっかりしましたが、翌20日付朝刊では、7面に大きくモロッコとスペインの関係についての解説記事がようやく掲載されています。

〈フランスの保護領だった歴史があるモロッコは、スペインとも関わりが深い。スペイン本土から、ジブラルタル海峡を隔てて約20キロメートルの距離にあり、北部にセウタとメリリャの2か所のスペイン領が飛び地で存在する。スペインへの移民の子孫も含むモロッコ系住民は、60万人以上いるとみられている〉

なぜ飛び地があるのかまで解説してほしかったのですが、とりあえずは、スペインとモロッコの関係がわかる解説でした。

（2017年8月25日）

財務次官のセクハラ報道　見えぬ働く女性への配慮

女性がセクハラの被害を訴えると、男社会の中でどんな扱いを受けるのか。このところの財務事務次官をめぐる報道で、日本社会の現実が見えてきました。

福田淳一事務次官が麻生太郎財務相に辞任を申し出て受理されたのは2018年4月18日のこと。翌19日の朝刊各紙の扱いを見ると、朝日新聞、毎日新聞はいずれも1面トップで扱っています。これに対して読売新聞は1面の左肩。トップ記事は日米首脳会談です。この時点で何が一番のニュースか、判断が分かれました。

さて、日経新聞はと見ると、1面に記事が見当たりません。なんと5面の経済面に3段の扱いで掲載されています。これ以外に社会面で大きく扱ってはいますが、経済面での小さな扱いには驚きます。

日経新聞は、このところ働く女性たち向けの企画を掲載するなど女性読者を意識した新聞づくりをしてきたはずです。朝の通勤電車の車内で日経新聞を読んでいる女性の姿をよく見かけるようになりました。日本の組織は企業も官庁も、まだまだ男社会。セクハラで悩む女性も多いはずです。そんな女性に寄り添った紙面づくりはできなかったのか。読者として疑問が残ります。

この日の紙面では、テレビ朝日の報道局長が緊急記者会見を開いたことも各紙が取り上げています。同社の女性記者がセクハラの被害を受けていたと発表したのです。

この問題では、セクハラを受けたと感じた女性記者が事務次官との会話を録音し、それを『週刊新潮』に渡したことの是非もニュースになっています。同日付の読売新聞は社会面にテレビ朝日の記者会見での主なやりとりを掲載しています。

〈――女性社員が週刊新潮に情報を渡したのはなぜか。

「財務次官という社会的に責任の重い立場の者の不適切行為が表に出なければ、黙認され続けてしまうのではないかという考えを持っていた。（情報を第三者に渡したことについて本人は）現在、不適切な行為だったという私どもの考えを聞いて反省している」（中略）

――取材で得た情報が第三者に渡った点について、どう改善していくのか。

「適切な対応ができなかったことは深く反省している。組織として適切な判断ができるようにしたい」〉

この扱いを見ると、読売としては記者が次官とのやりとりの音源を『週刊新潮』に渡したことを重大視していることがわかります。

それがさらに明確になるのが、19日付夕刊社会面です。「報道各社　取材内容提供　過去にも」という見出しの記事を掲載しています。

〈1989年には、TBSのスタッフが、オウム真理教の問題に取り組んでいた

坂本堤弁護士のインタビュー映像を放送前に教団幹部に見せ、9日後に一家が殺害される事件が起きた〉

今回の記者の行為は、これと同列に扱われるようなことなのでしょうか。ここで問題になるのは、記者が録音したのは、取材行為ではなく、自分を守るためだったと話していることです。

取材行為において、相手に対して録音することの許可を求めるのは一般的なルールです。取材相手は、この音源が、取材記者が原稿を書く際の正確性の担保になると思って承諾しているはずです。それを第三者に渡したら、確かに記者のモラルが問われます。

でも、女性記者がセクハラを受けていると感じて録音を始めたのなら、これは取材活動ではなく、被害者の自己防衛です。セクハラ被害を受けたと訴えた場合、往々にして「言った、言わない」の争いになってセクハラの認定が難しくなるので、録音するのは当然のこと。その録音内容を自分が所属する会社が報じてくれないなら、どこへ訴えればいいのか、ということになります。

記者も人間です。取材活動なのか、人間としての尊厳を守る自己防衛なのか。そこをはっきりさせて論じる必要があるのです。

（２０１８年4月27日）

安倍首相の発言は正確か？
冷静な事実確認を

ファクトチェックという言葉が使われるようになりました。政治家の発言を、ファクト（事実）に即したものかどうかメディアがチェック（確認）することです。

アメリカのドナルド・トランプ大統領は2019年2月5日、議会で一般教書演説を行ないました。この様子を『ニューヨーク・タイムズ』はウェブサイトで中継しながら、発言内容についてリアルタイムで「間違い」「事実」「誇張」などと指摘しました。

政治家の発言は果たして正確なのか。冷静に確認する新聞の役割の重要性を痛感しました。

日本では2月10日に安倍晋三首相が自民党大会で演説した内容が事実かどうか

議論になりました。安倍首相演説は、次のようなものです。

〈残念ながら、新規（自衛）隊員募集に対して、都道府県の6割以上が協力を拒否しているという悲しい実態があります〉

これには驚きました。それほどまでに反自衛隊感情が蔓延《まんえん》しているのか、と思ったからです。

ところが、実情は異なるようです。朝日新聞は13日付朝刊の「ファクトチェック」というコーナーで、「9割近く　台帳閲覧など協力」という見出しの記事を掲載しました。

〈首相は1月30日の衆院本会議でも同様の発言をしている。10日の自民党大会では「都道府県の6割以上」と述べたが、岩屋《いわや》毅《たけし》防衛相は12日、閣議後の記者会見で「都道府県と言うよりも市町村だ」と修正。その上で「6割ほどが協力をいただけていないのは事実だ」と述べた〉

都道府県の6割と市町村の6割では受ける印象が異なります。

〈では、市町村の6割以上が協力を拒んでいるのか〉

自衛隊員募集に当たり、対象者のリストアップをするため、防衛省は市町村に対象者の名簿を「紙媒体または電子媒体」で提出するように求めています。2017年度に全市区町村のうち紙か電子媒体で提出したのは約36％です。「その意味では6割以上から協力が得られていない」と防衛省の担当者は朝日の取材に答えています。

〈ただ、ほかの自治体が全く協力していないわけではない。全体の約53％に当たる931自治体は、自衛官募集のため住民基本台帳の閲覧や書き写しを認めている。紙や電子媒体で名簿を提出している自治体と合わせ、9割近くが募集に協力していると言える。紙や電子媒体で名簿を提出していないのは、「市の個人情報保護条例に照らして提供できない」（福岡市）といった理由もある〉

ここまで読むと、紙や電子媒体で提供していない市町村のことを「協力を拒否している」と言い切った安倍首相の表現は言い過ぎのように思えます。

毎日新聞も13日付朝刊で、次のように報じています。

〈岩屋毅防衛相は12日の記者会見で、安倍晋三首相が10日の自民党大会で自衛隊員募集に関して「都道府県の6割以上が協力を拒否している」と発言したことについて、実際は約9割の自治体から情報提供を受けていると事実上認めた〉

こうした朝日や毎日の報道を真っ向から批判したのが産経新聞の18日付朝刊の「主張」です。

〈安倍首相は国会で、6割以上の自治体から「募集に必要な協力が得られていない。誠に残念だ」と述べた〉と指摘した上で、朝日などについて〈約9割が協力したと言って首相を批判している〉が、〈首相が「6割以上で協力を得られていないのはファクトだ」と語ったほうが理にかなっている〉と反論しました。

朝日や毎日が指摘したのは、自民党大会で「6割以上が協力を拒否している」と演説したことが正確ではないということです。ところが産経は、自民党大会ではなく、「協力を得られていない」という国会での発言について批判は当たらないと言っているのです。取り上げている発言が異なるのですから、これでは反論になっていません。何を議論しているのかの正確な認識がなければ、実のある論戦になりません。

（2019年2月22日）

第五章

新聞は事実を正確に伝えているか？

はずれた米の世論調査

低回答率の背景も伝えているか

「トランプ大統領」誕生の衝撃はいまも尾を引いています。事前の多くの世論調査で「ヒラリー優位」となっていたのに、逆の結果になったからです。

ただし、「世論調査は当てにならない」という論調には、いささか異議申し立てをしたくなります。全米で見れば、世論調査は当たっていたからです。

どういうことか。全米の総得票数は、民主党のヒラリー・クリントン氏が、ドナルド・トランプ氏を上回っているのです。つまり世論調査通りなのです。それにもかかわらずトランプ氏が当選したのは、大統領選挙人を過半数獲得したからです。

アメリカ大統領選挙は、厳密に言えば直接選挙ではありません。2016年11

月8日に行なわれたのは、各州に割り当てられている大統領選挙人を選ぶものでした。とはいえ、有権者の多くは、大統領選挙人の名前を知らないでしょう。有権者は候補者に投票したのですから。

有権者は候補者に投票し、ほとんどの州では勝った候補が、その州に割り当てられた選挙人の枠を総取りします。各陣営とも大統領選挙人をあらかじめ登録してあるので、その人たちが選挙人に選ばれるのです。

こんな仕組みになっているため、総得票数が少なくても当選することがあるのです。つまり、全米レベルで見れば、「事前の世論調査は間違っていた」とは言えないのです。

ちなみに、選ばれた選挙人は12月19日に投票。来年1月6日に首都ワシントンの下院議場で開票されます。正式な大統領が選出されるのは、このときなのです。

それはともかく、アメリカの新聞社やテレビ局が実施した世論調査が間違ったのは、州ごとの調査です。11月10日付朝刊には、その理由を分析した記事もありました。

〈各社の調査対象は数百～数万人で、固定・携帯電話に無作為にかけて質問する手法をとる。

各社は投票する人種や年齢などを予想し、集めたデータを補正する。この予想がずれれば結果は大きく異なることになる。米メディアによると、同じデータを複数の専門家が補正した結果、勝者が正反対となることもあったという〉（日本経済新聞）

そんなにいい加減なのですか。同紙の解説はさらに続きます。

〈回答率が１割以下にとどまることも、世論調査のぶれを大きくしている。過激な発言を連発するトランプ氏を支持していることを知られるのは恥ずかしいと思い、質問に答えない「隠れトランプ支持者」の存在も指摘される〉

回答率が1割以下にとどまる？　それでは統計学的に意味のあるデータにはならないではありませんか。アメリカのメディアは、そんなに意味のない数字を報じていたのでしょうか。それにしても回答率がなぜ1割以下にとどまるか、この記事ではわかりません。別の解説はどうか。

〈問題点のひとつは、米国民のほとんどが所持する携帯電話に対し、世論調査で利用することが多い自動音声のコンピューター通話が法律上、活用できないことだ。このため、調査対象は固定電話に限られることになる〉（読売新聞）

日経新聞の記事には「固定・携帯電話に無作為にかけて質問する」とありますが、携帯電話にかけるのか、かけないのか、どちらなのでしょう。疑問が湧きますが、続きを読みましょう。

〈だが、国内では固定電話を持たず携帯電話しか所有していない人の割合が43％に上っているため、調査対象はさらに限定されることになる。

加えて、1970年代には世論調査に応じる人の割合が8割近かったとされるが、近年は8%にまで下落しており、調査として信頼できるサンプル数が確保できていないこともある〉

なるほど、これなら回答率が低い理由がわかります、でも、これでは世論調査の結果を報じるメディアの信頼が失われます。翻って日本の世論調査の信頼性はどうなのでしょうか。他人事ではない問題なのです。

（2016年11月25日）

安倍首相、真珠湾訪問へ　現職首相として「初」？

新聞記事の報道に素朴な疑問を持って問い合わせると、丁寧に経緯を説明してくれる。朝日新聞の「Ｒｅ：お答えします」の欄は、思わぬ「へー」を教えてくれます。２０１６年12月9日付朝刊は面白い読み物でした。

これは安倍晋三首相が米ハワイ・真珠湾を訪問することについての朝日報道への読者の疑問に答えるもの。次のような書き出しでした。

〈朝日新聞は６日付朝刊で「日本の現職首相が真珠湾を訪れるのは初めて」と報じました。これに対し、「他の新聞で、１９５１年に吉田茂首相が真珠湾に立ち寄ったという記事を読んだことがある」などのご指摘が本社お客様オフィスに寄せられました〉

新聞を丁寧に読み比べている読者がいることに感心します。

ここで「他の新聞」というのは読売新聞です。この欄では、率直に読売新聞の記事を引用しています。「51年9月に吉田茂首相(当時)が立ち寄ったとの記録が一部に残る」と指摘しているのです。この指摘に朝日はどうしたのか。

〈事実確認のため、当時の朝日新聞記事などを調べました。吉田氏がホノルルに立ち寄ったという記事はありましたが、真珠湾に行ったかは確認できませんでした。吉田氏の著作「回想十年」の講和会議前後の記述も調べましたが、ハワイ訪問への言及はありませんでした〉

吉田氏がホノルルに立ち寄ったとなれば、真珠湾に行ったかどうかが焦点になるはずですが、当時の取材は牧歌的だったのでしょうね。

読売新聞の記事を受けて、外務省が事実関係を調べたそうです。その結果、真珠湾を訪問したかどうか確認できなかったそうです。ただし、追悼施設の「アリゾナ記念館」は建設されていなかったことから、「アリゾナ記念館において現職の首相が慰霊を行うことは今回が初めて。また、米大統領とともに真珠湾を訪問することも初めて」と菅義偉官房長官が記者会見で説明したそうです。

なるほど、こういう言い方だったら、「初めて」と言えますね。日本のマスコミは、「〜するのは初めて」と言いたがりますから。

この欄は最後に「新しい事実関係がわかれば、改めて報じます」と書いています。その後、16日付で訂正が出ました。

〈6日付1面にある安倍晋三首相の米ハワイ・真珠湾訪問をめぐる記事で、本文中の「日本の現職首相が真珠湾を訪れるのは初めて」と、見出しの「現職として初」を削除します。米政府の公文書などで、1951年に吉田茂首相（当時）が真珠湾を訪問していたことがわかりました〉

約束を守りましたね。

ところで6日付読売新聞は記事の本文でどんな表現をしたのか。「日本の首相が米大統領とともに真珠湾を訪れるのは初めて」と書いています。これなら正確な記述です。

では、安倍首相は、いまになってなぜ真珠湾を訪れるのか。読売新聞は、こう解説します。

〈今回、自ら真珠湾を訪問することで、「和解」を国内外に印象付けるとともに、来年1月のトランプ次期大統領の就任前に、日米同盟の強固さをアピールする狙いがあるとみられる〉

せっかく正確な記述をしているのに、わかるようでわからない解説です。なぜ「トランプ次期大統領の就任前」に行く必要があるのか。納得いく説明とは言えません。

その点で、深く切り込んだ解説を掲載したのが日経新聞です。同日付3面で、安倍首相がトランプ氏と会談することについてオバマ政権に「仁義」を切ったとき、次のような反応があったそうです。

〈ホワイトハウスは露骨に不快感を示した。日本側がオバマ政権を切り捨てたように受け止めたためだ。首相とトランプ氏の会談の形式に関して事細かに注文をつけた。この後、日本側が首相の真珠湾訪問を提案し、双方で詳細の検討に入った〉

なるほどねえ、という納得の説明です。なぜ急に訪問の話が出てきたか、素朴な疑問に答えています。

（2016年12月23日）

加計問題の柳瀬氏退任「通常人事」の裏側は

暑いこの時期は人事の季節でもあります。とりわけ霞が関の官僚たちの異動は関係者にとって気になるもの。役所が発表する人事異動を、記者はどう記事にするのか。記者の能力と新聞社の立ち位置が問われます。と書き出したのは、経済産業省の柳瀬唯夫《やなせただお》・経済産業審議官の退任が決まったという記事を読んだからです。

柳瀬氏といえば、安倍首相の秘書官時代、「加計学園」をめぐり愛媛県職員らと首相官邸で面会した際、「本件は、首相案件」と発言したとされる愛媛県の記録が見つかり、国会に参考人招致されています。いわば2018年の「時の人」のひとり。国会では面会の事実を安倍首相に報告していないと否定しましたが、その人が異動するとなれば、記者として記事にするのは当然でしょう。でも、どのような記事にするかが悩みどころです。経産相は「通常の人事」と言っているからです。記者はどんな工夫をしたのか。２０１８年7月25日付朝刊の朝日新聞の記事を読んでみましょう。5面に3段です。

〈世耕弘成《せこうひろしげ》経済産業相は24日の会見で「加計問題は今回の人事に何ら影響していない」としたうえで、「世代交代」が退任の理由の一つだと説明。ただ、後任の寺沢達也・商務情報政策局長（57）は柳瀬氏と入省同期で、「世代交代」には当てはまらない〉

なるほど、世耕大臣の「世代交代」という説明に疑問を投げかける形で通常の人事ではないと表現しています。

毎日新聞はどうか。こちらは2面に「トカゲのしっぽ切り」という野党の批判を見出しにしています。

〈世耕氏は24日の記者会見で「世代交代を図らなければいけない面もあり、総合的に判断した」と述べた。ただ、柳瀬氏は通商政策を仕切る経産審議官に就任して1年で、必ずしも交代時期ではない。トランプ米政権が輸入制限など保護主義的な姿勢を強める中、日米両政府は近く新貿易協議（FFR）を始めることになっており、省内には「柳瀬氏は引き続き対米協議などに当たると思っていた」という声もある〉

世耕氏の発言が微妙で面白いですね。「面もあり」とか「総合的に判断した」とか。「面もあり」なら、他に何があるのかと突っ込みたいですし、世代交代と言っているのに「総合的」とはどういう意味かとか。

この記事の最後に自民党の吉田博美《よしだひろみ》参院幹事長のコメントが出ていますが、これが傑作です。

「世耕氏が慎重に考えて決断した。それなりに評価したい」

世代交代の人事異動などではないことを与党幹部が認めてしまっています。こういうコメントをきちんと原稿としてすくい上げることで人事異動の意味が見えてきます。

次に読売新聞。どこに記事があるのか探した結果、9面に小さな記事を発見。見出しは「柳瀬氏後任に寺沢氏」。柳瀬氏が退任したことより後任のことをニュースにしています。

〈世耕経済産業相は記者会見で、「加計学園の問題は人事に何ら影響をしていない。世代交代を図る面もあり、総合的に判断した」〉

世耕大臣のコメントは毎日新聞と同じです。記者なら「面もあり」とはどういう意味ですか、「総合的」とは、世代交代以外にどんな要素を合わせて総合的と言うのですか、とただしてほしいところです。

日経新聞は5面です。

〈世耕弘成経産相は柳瀬氏の退任について「加計問題は全く関係ない。人事に影響はない」と強調したが、省内では「就任から1年で退任は早すぎる」との声がある〉

1年では早すぎる。毎日新聞と同じトーンです。紙面での扱いは小さいですが、取材記者の問題意識が感じ取れます。経産省内の雰囲気も伝わってきます。

問題は、この後。柳瀬氏が今後どの道に進むのか。「トカゲのしっぽ切り」だと思ったら、論功行賞《ろんこうこうしょう》だったということもありえます。新聞記者たちは、今後の進路もチェックしてくださいね。

（2018年7月27日）

ゴーン前会長逮捕　取材源、どう表現する？

日産自動車のカルロス・ゴーン会長（当時）が東京地検特捜部に逮捕されたニュースには驚きました。驚きながらも、新聞各紙を読み比べてみると、朝日新聞が取材で先行していたことがわかります。

逮捕を伝える2018年11月20日付朝刊の1面記事だけを読んだのではわかりませんが、社会面でわかります。35面に「カルロス・ゴーン会長が乗っていたとみられる飛行機」の写真と、「東京地検特捜部が捜索に入った日産本社」の説明つきの写真が掲載されているからです。さらに記事には、こうあります。

〈羽田空港の滑走路に、ジェット機が降りたのは午後4時35分ごろ。機体のエンジン部分には「NISSAN」の社名に似た記号「N155AN」が黒い文字で

プリントされていた。特捜部は着陸をひそかに、だが、万全の態勢で待ち構えていた……〉

また、日産本社に関しては、次のような記事があります。

〈午後5時前、スーツ姿の係官とみられる男性ら10人超が横浜市西区の日産自動車グローバル本社の総合受付に現れた。多くの係官がガラス張りの壁際に並び、1人の係官が受付の女性とやりとりをする〉

ゴーン会長の自宅前にも朝日の記者が張り込んでいたようです。

〈ゴーン会長の自宅にも捜索が入った。東京都港区元麻布1丁目の閑静な住宅街の高層マンション。午後5時10分ごろ、係官とみられる男女4人の姿があった。マンションのロビーに待機し携帯電話で連絡を取るなどした後、上の階へと向かった。午後5時半過ぎにはカメラを持った報道陣が次々と現れ、通行人らがけ

げんそうにのぞいていた〉

これらの描写で、東京地検は、ゴーン会長が羽田空港に降りたところで同行を求めるとともに、それを確認してから、日産本社や自宅の家宅捜索に入ったことがわかります。「午後5時半過ぎにはカメラを持った報道陣が次々と現れ」と書き、さりげなく「朝日新聞記者は、前から見張っていたんだぞ」とアピールしています。取材で先行したことを誇っているのです。そんな思いは、読者には伝わらないでしょうが、ライバル社の記者は、この部分を読んで悔しがるというわけです。

ここまでは先行していた朝日ですが、当然ながら他社も追いかけてきます。以降、熾烈《しれつ》な取材合戦が繰り広げられます。そこで問題なのは、取材源をどう表現するかです。たとえば同月26日付朝刊の1面で、朝日はこう書きます。

〈関係者によると、ゴーン前会長の報酬は、実際には年約20億円だったのに、報

告書への記載は約10億円にとどめる一方、差額の約10億円は別の名目で毎年蓄積し、退任後に受け取る仕組みになっていた〉

さて、ここで出てくる「関係者」とは誰なのか。これが22日付夕刊には「日産関係者の話でわかった」という表現があります。日産からの情報を「日産関係者」と明記するのであれば、ただ「関係者」とあった場合は、東京地検特捜部からの情報なのでしょうか。そこがはっきりしない記事なのです。

当然のことながら、東京地検特捜部の検事たちにも守秘義務があります。記者の取材に、ペラペラとしゃべってくれるはずはありません。地方の複数の検察庁での取材経験がある私にも、その苦労はわかります。もし特捜部から得た情報を「東京地検特捜部の調べによると……」などと書くと、東京地検から、「我々は発表していない。勝手なことを書くな」という文句が出そうです。そこで「関係者」とぼかした表現をしておけば無難でしょう。

しかし、「関係者によると……」という書き方に慣れてしまうと、取材が安易に流れる危険があります。取材源が漠然としてしまい、記事が正確かどうか、記者の上司などがチェックできなくなる可能性があるからです。

取材源は守りながら、でも安易な「関係者」の表現に寄りかからない記事の書き方を期待します。

（2018年11月30日）

英のEU離脱がもめる訳
何が問題か詳しく説明を

イギリスは欧州連合（EU）離脱をめぐって大混乱。「決められない政治」はイギリスでもあるのだと感慨深いのですが、なぜ混乱しているか理解に苦労している人も多いのではないでしょうか。こういうときこそ、じっくり活字で読みたいではありませんか。新聞は、そんな読者の期待に応えているのでしょうか。

たとえば2019年3月23日の朝日新聞朝刊は1面左肩に「EU、来月12日まで離脱延期」という記事があります。

〈欧州連合（EU）は21日夜（日本時間22日朝）、英国の離脱を当初の29日から、少なくとも4月12日まで延ばすことを首脳会議で決めた。メイ英首相が求めた6月30日までの延期は認めなかった。離脱議論が迷走する状況に各国首脳は業を煮やし、約3週間で英国に最終方針をはっきりさせるよう迫った〉

EU首脳がイギリスの態度にいら立っている様子がわかります。さらに本文を読むと、こう書いています。

〈首脳会議では、英議会が3月29日までに協定案を承認する場合に限り、欧州議会選前日の5月22日までの離脱延期を認めた〉

突然「協定案」という言葉が出てきます。これは離脱に伴う条件を英政府とEUとの間で決めたものですが、その説明が本文にありません。協定案の詳しい内容までここでは求めませんが、せめて「離脱方法を定めた協定案」程度の説明がほしいところです。

この日の朝日新聞朝刊は、2面で大きく離脱をめぐる動きを説明しています。

これだけ長文なら何が問題かわかるだろうと期待するのですが、残念。離脱協定案が議会で採決できるかどうか不透明である経緯は書かれていますが、賛否が分かれる理由の説明がありません。

担当記者やデスクにしてみれば、以前に説明をしたことがあるからという判断なのでしょう。事実、3日前の3月20日の朝日13面に「協定案には、EUの関税ルールに英国が無期限に従い続けねばならなくなる規定がある。このためEUとの決別を望む保守党の強硬離脱派らが反発」と書いてあります。

しかし、以前のことを覚えている読者ばかりではありません。20日の紙面でも、なぜEUの関税ルールに従い続けなければならないか説明されていません。日々の紙面で説明しろとは言いませんが、節目ごとにきちんとした説明がほしいのです。

読者の思いに応えたのが3月22日付の毎日新聞朝刊8面です。1ページを使って、イギリスがEUに加盟している経緯から離脱を決めた国民投票など歴史をまとめています。この特集では、協定案がもめる一番の理由を「アイルランドとの国境問題」だと説明しています。

〈英国のEU離脱問題で最大の壁が、英領北アイルランドと地続きのEU加盟国アイルランドとの国境管理問題だ。問題がこじれれば、北アイルランド紛争で多数の犠牲者を出した対立の再燃につながりかねず、極めて取り扱いの難しい課題となっている〉

〈離脱強硬派の多くが求めるのは、EUという関税同盟に入ることで失われた英国の関税自主権の回復だ。そのためにはアイルランドなどEU加盟国との間に厳格な国境管理が必要となってくる。ところがその場合、アイルランド島内の国境を自由に往来できるようにした、北アイルランド紛争の和平合意（ベルファスト合意）の根底が崩れる〉

何が問題なのか、コンパクトにまとまっています。こういう配慮が必要なのです。ところが、残念なことに「北アイルランド紛争」についての解説が短すぎます。この紛争で3千人以上が犠牲となり、「親アイルランド派のカトリック系住民と親英派のプロテスタント系住民との間のわだかまりは依然残る」とは書いていますが、多くの読者は北アイルランド紛争を知りません。記者は詳しいでしょうが、読者の多くは知らない。このギャップを埋めるように解説記事を書くように指示するのがデスクの役割なのです。

（2019年3月29日）

スリランカのテロ　犯行組織像、どう書くか

スリランカでの爆弾テロは衝撃でした。インド洋に浮かぶスリランカといえば、「平和な島」のイメージが強かったからです。私が勤務する東京工業大学の学内には「スリランカ短期留学」のポスターが貼り出されていましたが、事件後、「中止」の知らせが貼られました。

最近のスリランカは、どんな情勢だったのか。朝日は2019年4月22日付朝刊の2面で、スリランカについて次のような解説を掲載しています。

〈仏教徒が多い多数派シンハラ人を中心とする政府軍と、ヒンドゥー教徒が多い少数派タミル人の反政府組織「タミル・イーラム解放の虎（LTTE）」が対

立、LTTEが北東部の分離独立を求めて83年に内戦になった。大統領が暗殺されるなど混乱が続いたが、2009年5月に内戦が終結した〉

この通りですが、できればシンハラ人優遇政策に少数派タミル人が反発して内戦に至ったことや、「内戦が終結した」とはいえ、実際には政府軍の大規模な軍事作戦でタミル人の一般人に大きな被害を出しながらLTTEを壊滅させた事実にまで触れてほしいところでした。

事件が起きたのは4月21日。日本のメディアはどこもスリランカに支局を置いていないため、記者が現場に到着するまでの間は、外電や現地への電話取材で原稿を書くしかありません。歯がゆいことです。

朝日の場合、22日付朝刊ではAP通信やAFP通信、『ニューヨーク・タイムズ』の取材などを材料に記事を組み立てています。

この段階では、いったいどこの組織が事件を起こしたのか、皆目見当がつかなかったのですが、読売新聞は、同日付朝刊で、仏教徒の犯行の可能性もあるとにおわせています。それが、次の記事です。

〈スリランカでは近年、仏教徒の過激派の動きが活発化しており、少数派のイスラム教徒が襲撃される事件が相次いでいる。（中略）仏教徒には少数派を排除したい思惑が強いとみられ、今回はキリスト教徒が標的にされた可能性も否定できない。実際、キリスト教徒への迫害は起きており、（中略）今年に入ってからも、仏教僧がキリスト教会の日曜礼拝を妨害しようとするようなことがあったという〉

随分と思い切った文章です。これを読んだ読者は、「仏教過激派による爆弾テロか」と思い込むかもしれません。

しかし、この時点で仏教徒によるテロだと推測できる材料はありません。もし私がデスクだったら、書いた記者に、「ちょっと待て。仏教過激派とは限らないだろう。イスラム過激派の可能性もあるのだから、ここまで書き込むのはやめておけ」と指示したでしょう。

一方、朝日は同日付朝刊で、犯行に関与した可能性のある団体名に早くも触れています。

〈警察は事件の約10日前から、国内のイスラム過激派組織「ナショナル・タウヒード・ジャマート」を警戒。無名の団体で、シリアからの帰国者などが参加していたとの報道もあるが、事件との関係は不明だ〉

この時点では「事件との関係は不明だ」と用心深い筆致になっていますが、結局、スリランカ政府がこの団体の犯行だと発表しました。では、この団体はどんな組織なのか。過激派組織「イスラム国（IS）」と関係の深い過激派組織のようですが、組織名の意味がよくわかりません。朝日や毎日は、この団体の名称には触れるものの、どんな意味かの解説がありません。この点、読売は当初の解説記事で勇み足がありましたが、24日付朝刊では1ページの半分以上を使って解説しています。

〈組織名に使われているタウフィートはアラビア語で「神が唯一と信じること」、ジャマアットは「団体」を意味する〉

朝日は「ジャマート」ですが、読売は「ジャマアット」を使用しています。ここは呼び名が定着していないにせよ、読売の記事で組織のイメージが浮かびます。朝日は早々と固有名詞を出しただけに、せめて団体名を解説してほしいところでした。

（2019年4月26日）

第六章

どれも同じじゃない。読み比べて見えてくること

トランプ大統領就任演説
各紙で異なる日本語訳

アメリカのドナルド・トランプ大統領の就任演説は、実にわかりやすいものでした。わかりやすいというのは二つの意味があります。ひとつは、「アメリカ第一」主義で、アメリカさえ良ければいいという徹底した方針を貫いたという意味。もうひとつは、使う英文がアメリカの小学生レベルで、英語が苦手な人にも理解が容易という意味です。

大統領の就任演説としては格調に著しく欠けますが、英語の教材にはなりそうです。新聞各紙は英文と日本語訳の両方を掲載しています。読み比べると、日本語訳が随分異なります。各社の英語力ないしは日本語力が比較可能です。

まずは、トランプ大統領が列席者にお礼を述べた直後の文章です。

〈私たち米国市民は今、国を再建し、すべての国民に対する約束を復活させるための偉大で国民的な取り組みに加わっている〉（読売新聞）

なんともこなれていない日本語です。

〈我々、米国民はいま、我々の国を再建し、全ての米国民への約束を復活させる国を挙げての偉大な努力に結集した〉（日本経済新聞）

読売が「偉大で国民的な取り組み」と訳したところを、日経は「国を挙げての偉大な努力」という日本語にしています。こちらのほうが自然な日本語です。

〈私たち米国民は今、国を立て直し、すべての国民に対する約束を守るという偉大で国民的な取り組みを始めたところです〉（毎日新聞）

読売や日経が「約束を復活」と訳した箇所を、毎日は「約束を守る」としました。「約束を復活」が直訳だとすれば、「約束を守る」ほうがこなれています。

〈私たち米国民は今、自国を再建し、全ての国民にとって可能性をよみがえらせる壮大な国民的取り組みのために、一つにまとまっています〉（朝日新聞）

「約束を復活」でもなく、「約束を守る」でもなく、「可能性をよみがえらせる」と訳しましたか。朝日の訳し方が、他紙とは大きく異なります。英語の「restore its promise」を各紙このように訳したのです。

また、文章の最後も読売は「加わっている」、日経は「結集した」、毎日は「始めたところです」、朝日は「一つにまとまっています」。随分と印象が異なります。この部分の英語は「joined in」なのですが。

こうして読むと、読売と日経は「である」調、毎日と朝日は「ですます」調に訳しています。日本語は英語より多彩な表現ができるものですね。

さて、トランプ大統領の演説を日本語に移す際、どちらがふさわしいのでしょうか。

当日の演説をテレビ中継で見ていると、なかなかこわもて調だったので、「である」調のほうがしっくりくる気もしますが、英文が小学生レベルだと考えると、「ですます」調でいいようにも思えます。きっと各社の担当者の間では、どちらの文体にするか議論があったのでしょうね。

読み比べて気づいたのですが、朝日だけは、途中で演説の意味を解説しています。たとえば「忘れられた人たち」という表現の部分に、次のような解説が入ります。

〈「忘れられた人たち」は、トランプ氏が昨年7月の共和党大会の指名受諾演説でも使った言葉。その時は「私があなたの声になる」と続けたが、今回は「もう忘れられた存在ではない」と述べた〉

なるほど、これはわかりやすい。共和党大会では、候補者として頑張るという意味だったのが、いまは自分が大統領になったから安心しなさい、ということなのですね。内容がよりよく理解できる工夫がされています。

演説では聖書からの引用が出てきます。その部分について、各紙は担当者が訳している文章ですが、朝日だけは「旧約聖書詩編133からの引用」と明記し、「見よ、兄弟が共に座っている。なんという恵み、なんという喜び」という日本聖書協会訳を使用しています。ここに教養の違いが出た気がします。

（2017年1月27日）

改憲めぐる首相発言
記事に透ける近さと熱

安倍晋三首相は2017年6月24日、自民党としての憲法改正案を年内に提出したいという考えを明らかにしました。翌日の毎日新聞朝刊には、次のような記事が掲載されています。

〈安倍晋三首相（自民党総裁）は24日、神戸市で講演し、憲法改正について「臨時国会が終わる前に、衆参両院の憲法審査会に自民党案を提出したい」と述べ、秋から年内までを想定する臨時国会の会期中に、党改憲案を提出する方針を示した。首相が同党案の提出時期を明言したのは初めて〉

「自民党総裁」という肩書がついています。首相ではなく自民党総裁としての発言だったからでしょう。

この発言について、記事は、〈学校法人「加計《かけ》学園」問題や「共謀罪」法を巡る強引な国会運営を受け、安倍内閣の支持率は急落。7月2日投票の東京都議選で敗北すれば党内外の異論が勢いづく可能性もあり、議論が首相の思惑通りに進むかは不透明だ〉と分析しています。

この講演は神戸市で行なわれたそうですが、どんな会合だったのか、記事には書かれていません。日経新聞も「神戸市内で講演し」とだけ書いています。では、読売はどうか。

毎日も日経も1面に掲載していますが、扱いは大きくありません。ところが読売は1面トップの大きな扱いです。

〈安倍首相（自民党総裁）は24日、神戸市内のホテルで講演し、憲法改正について「来たるべき臨時国会が終わる前に、衆参の憲法審査会に、自民党の案を提出したい」と述べた。臨時国会は今秋の開会が想定されており、改正案を年内に国

会提出する考えを表明したものだ〉

首相から「読売新聞を熟読してください」と言われるだけあって、首相の発言を詳細に報じ、別の面に「講演の要旨」もまとめられています。

この記事も「神戸市内のホテルで講演し」となっているだけですが、2面には講演の様子がカラー写真で掲載されています。背景に「産經新聞社」という文字が見えます。産経新聞主催の講演会なのでしょうか。なまじ文字が見えているだけに知りたくなります。読者に不親切です。

ところが、朝日新聞を読むと、どのような講演会だったのか、はっきりします。

〈産経新聞の主張に賛同する任意団体「神戸『正論』懇話会」主催の講演会で語った〉と明記しているからです。

24日は東京都議会議員選挙の告示の翌日。告示の翌日ということは前からわかっていたでしょうが、自民党の候補者の応援ではなく、こちらの講演会出席を優先したのです。安倍首相がいかに産経新聞を大事に思っているかがわかります。

首相の改憲をめぐる発言が、どこでなされたかも大事な情報。読売などは他の新聞社が関係しているので主催者名を伏せたのでしょうか。

では、産経新聞を見ましょう。1面トップの大きな扱いです。

〈安倍晋三首相（自民党総裁）は24日、神戸市の神戸ポートピアホテルで開かれた神戸「正論」懇話会の設立記念特別講演会で、憲法改正について「来るべき（秋の）臨時国会が終わる前に衆参の憲法審査会に自民党の（改憲）案を提出したい」と述べ、来年の通常国会で衆参両院で3分の2超の賛同を得て憲法改正の発議を目指す意向を表明した〉

「通常国会で衆参両院で」と、「で」の連続とは、プロの新聞記者が書いたとは思えない文章ですが、記事の中でこう書きます。

〈首相がここまで強い決意を示したのは、加計学園問題や若手議員の不祥事などで、内閣支持率が急落する中、憲法改正という自民党の党是を掲げることで、保守勢力の奮起を促し、結集を呼びかけたいとの思いがある〉

なるほど。安倍首相の思いを代弁してくれています。毎日新聞の分析が冷静だったのに対し、こちらはずいぶんと熱が込められています。自社の関連行事に首相が足を運んでくれた。そんな感謝の気持ちもにじんでいるように思えます。

（２０１７年６月30日）

突然の解散・総選挙をどう報じるか？
問われる記者の感度

突然浮上した解散・総選挙。新聞各紙はどう報じたのか。

朝日新聞は2017年9月17日付朝刊の1面トップで「首相、年内解散を検討」と書きました。本文には「安倍晋三首相は年内に衆院を解散する検討に入ったと与党幹部に伝えた」「複数の政権幹部が明らかにした」とあります。「政権幹部」から情報を得たのでしょう。「政権幹部」とは誰か、明らかにしていませんが、これは情報源秘匿という記者の取材の大原則によるものですね。

次は同日付の日経新聞。1面に「早期解散強まる」の見出しで、「公明党は16日に幹部が協議し、年内解散が選択肢に入ったとの認識を共有した。これを受け、公明党の支持母体の創価学会は17日に選挙対策の関連会議を開く」と書いています。

公明党・創価学会が選挙に向けて走り出した。早期解散は間違いない。日経は、こう判断したのでしょう。

これに対し、同日付の産経新聞は「首相衆院解散を決断」と1面トップで報じました。本文では「安倍晋三首相は、28日の臨時国会召集から数日以内に衆院を解散する方針を固めた」と断じています。

これはもう、安倍首相から直接聞いたとしか思えない表現です。日頃から安倍首相を支持する論調の新聞ならではでしょうか。

ただ、本文中には「公明党の支持母体である創価学会は16日昼に方面長会議を緊急招集した」とあります。公明党・創価学会関係者からも情報を得たのでしょう。

惜しむらくは「10月29日投開票　有力」と見出しに書いたこと。結果的に正確ではありませんでした。

一方、東京新聞は「与党内で、安倍晋三首相が年内の衆院解散・総選挙を検討しているとの見方が広まり、選挙準備が本格化している。早ければ二十八日召集の臨時国会冒頭での解散も想定されている」と書いています。

産経が「臨時国会召集から数日以内」と幅の広い表現なのに対し、絞り込んでいます。

地方紙を中心に記事を配信している共同通信も、このニュースを報じています。私の手元にある中国新聞（本社・広島市）も信濃毎日新聞（本社・長野市）も同日付1面トップに「自民、公明両党は、安倍晋三首相が年内の衆院解散・総選挙を選択肢として検討しているとの見方から選挙準備を本格化させた。公明党は16日、緊急の幹部会合を東京都内で開き、9月28日召集の臨時国会冒頭や10月22日投開票の衆院3補選後の解散もあり得るとの認識で一致した」と書いています。

情報源は公明党のようですね。


では、安倍首相が自身の改憲案について「私の考えは読売新聞を熟読してほしい」とまで言い切った読売新聞は、どうか。同日付の1面には影も形もありません。2面の中ほどの目立たない場所に「早期解散論　与党に浮上」という記事があるだけです。これはどうしたことか。大きく出遅れています。安倍首相からのサインはなかったのでしょうか。

安倍首相から情報提供がなくても、公明党をきちんと取材していれば、他社のように情報が取れたはずなのですが。

そして毎日新聞。２面の下に小さく自民党の竹下亘《たけしたわたる》総務会長が、衆院解散・総選挙について「そう遠くないという思いを全ての衆院議員が持ち始めている」と講演したことが掲載されています。竹下氏は「選挙は近いのかなあというような思いもした」とも語っていることを報じていますが、それだけです。

本当は、この発言でピンと来て、他の記者たちが確認に走らなければいけなかったのです。

日頃からアンテナを張り巡らし、政治家の片言隻句《へんげんせっく》に敏感に反応する記者の感度が問われています。

とはいえ、いまの時期に衆院を解散する大義などないというのが常識的な見方。安倍首相の突然の変心にはついていけないのも無理はありませんが。

（２０１７年９月29日）

選挙結果をコラムで書く心に入る文章作りの矜持

衆議院総選挙の結果が新聞紙面にあふれているとき、コラムで何を取り上げるか。担当者の腕の見せどころです。読み比べをしてみましょう。まずは朝日新聞2017年10月24日付朝刊の「天声人語」です。

〈織豊《しょくほう》時代の越中（富山県）に佐々成政《さっさなりまさ》という武将がいた。筋金入りの秀吉嫌い。何とか遠江（静岡県）を訪ねて家康と談判し、決起を説こうと思い立つ。だが秀吉方の領地を通れば討たれるのは必至。立山連峰から信州へ抜ける雪山越えを選んだ〉

はてさて、選挙結果とどういう関係があるのか、と読者は思うでしょう。これが筆者の狙いです。読者に「おや」と思わせ、実は……と論旨を展開させる。新聞コラムのひとつの定番です。

さらに読み進むと、佐々成政が雪山の峠を越えたことを「さらさら越え」というのだそうです。ここまでくれば、わかりますね。希望の党の小池百合子代表が民進党の立候補予定者全員を受け入れるつもりは「さらさらない」と発言したことを論じようとしていることが、ここで種明かしされます。

一方、読売新聞の同日付の「編集手帳」も同じ手法です。

〈江戸時代の長州藩は（へそくり）を貯《た》めていた。18世紀半ば、7代藩主・毛利重就《しげたか》は通常の藩財政とは別に、撫育方《ぶいくかた》と呼ぶ基金を設けた。塩田の開発や港の建設などで得た収入をコツコツと蓄えた。藩は窮乏していたが、流用は許さない。幕府に冷遇された外様大名として、戦乱などの非常時に備えるためだった〉

こちらも歴史のエピソードから始まっていますが、読者はすぐに「ははあ、政府の財政の話だな」と気づくでしょう。長州藩が積み立てた資金は、やがて倒幕の費用に向けられたというわけです。

読者に「おや」と思わせる筆致は朝日と同じですが、早々と言いたいことがわかってしまいます。

「編集手帳」の筆者は、先日まで竹内政明《たけうちまさあき》さんでした。その文章は、私に言わせれば「読売新聞1面を下から読ませる」というほどの名物でした。その竹内さんは体調を崩し、一線から引退したそうです。残念でたまりません。

竹内さんの後継者は、さぞかしプレッシャーを感じていることでしょう。同情を禁じ得ませんが、「もし竹内さんだったら……」と思ってしまうことが度々あります。ここは竹内さんとは全く違った手法で読者を楽しませる文章を開拓してほしいと要望しておきましょう。

実は竹内さんの文章作法には、ある特徴がありました。新聞コラムには、狭いスペースに文章を詰め込むため、「ここで段落が変わる」を示す記号が入っています。天声人語は▼、編集手帳は◆です。竹内さんの文章は、コラム内の◆が、すべて横一線に並んでいました。これが竹内さんの文章への矜持《きょうじ》というか、悪戯《いたずら》心だったのです。

この心意気を継承しているのが毎日新聞の「余録」です。こちらの記号は▲です。違うテーマを扱っているのに、▲のマークは、連日のように横一線に並んでいます。これがいかに大変なことか、文章を書く立場になればわかります。同日付の余録も、歴史のエピソードを扱っています。

〈江戸の人の習いごと熱は生半可《なまはんか》でなく、珍妙な師匠もたくさんいたそうな。なかには「秀句《しゅうく》指南」というのもあった。俳句や川柳を教えるのではない。「秀句」とはシャレ、はっきり言ってダジャレのことだ〉

実際の文章では、ここで▲のマークが入ります。この出だしだと、やはり読者に「何の話だろう」と思わせますね。こちらも希望の党の小池代表のことでした。

江戸の珍妙な師匠の話は落語にもなり、噺《はなし》の中に「けんか指南」も出てくる。けんか上手といえば東京都知事……という話の流れです。最終的には〈「排除します」の〝拙句〟で勝負運はすぐに去った。結果は、左右のけんか相手の勝利であった〉というわけです。

どうも話の展開が回りくどいですね。美学を守りながら、読者の心に入る文章作りは難しいのです。

（2017年10月27日）

『万引き家族』カンヌ最高賞
社会映した是枝マジック

このたびは取材される立場になってしまいました。私宛てに「殺害予告」をした容疑者が逮捕されたからです。ご心配をおかけしました。

言論に対して「殺害」という脅しをすることは、あってはならないことです。逮捕された容疑者とは全く面識もありませんが、これをきっかけに更生することを願っています。

今回は、私に取材をした上でニュースにするテレビ局がある一方、一切取材なく警視庁の発表をそのまま記事に書いてしまう新聞社もあり、報道のあり方を考えました。

とはいえ今回取り上げるのは、この事件ではありません。カンヌ国際映画祭で是枝裕和《これえだひろかず》監督の『万引き家族』が最高賞（パルムドール）を受賞したことです。

朝日、毎日は1面トップで大きく報じましたが、読売は1面の左肩。扱いとしては二番手です。

カンヌ国際映画祭といえば、多くの読者が名前をご存じでしょうが、国際映画祭としては、どのあたりの位置にあるのか知りたい人も多いはずです。朝日は2018年5月21日付朝刊で、〈ベネチア、ベルリンと合わせて3大国際映画祭と称されるが、近年は第一線の監督の多くがカンヌを目指し、一極集中の傾向が強まっている〉と解説しています。

これを読むと、今回の受賞がいかにすごいことかわかります。では、どんな作品なのか。読売1面の記事は、こう解説します。

〈『万引き家族』は、東京の下町を舞台に、生きていくために万引きなどの犯罪を重ねる家族の姿を通し、人間の真のつながりとは何かを問いかける〉

さて、これで理解できるでしょうか。説明があまりに抽象的で、見ていない人には理解が困難です。
ところが読売は、1面での扱いはトップではなかったものの、社会面で大々的に展開。解説しています。

〈『万引き家族』は、家族での日常を保つためウソや犯罪を重ねる一家の物語。誰にも顧みられず生きる家族の姿は、『誰も知らない』の主人公らに重なるが、日本の「今」への異議申し立ては強度を増し、その社会性が作品の力になった〉

こちらの方が状況を想像可能です。〈日本の「今」への異議申し立て〉とは、うまい表現ですね。

一方、同日付朝日の社会面では是枝監督との一問一答が掲載されています。ここには、こんな言葉が。

〈社会に対するメッセージを伝えるために映画を撮ったことはない〉というのです。ということは、読売が書いた〈日本の「今」への異議申し立て〉とは微妙にニュアンスが異なります。是枝監督は、〈どんなメッセージかは受け取る側が決めることではないかと思いながら作っている〉そうです。さて、是枝作品をどう受け止めればいいか。

読売は9面に映画監督の西川美和《にしかわみわ》さんの感想を掲載しています。西川さんはどう見るのか。

〈是枝監督は近年、家族の日常を描く作品を幾つも手がけてきましたが、個人的な感想でいえば、今回は「家族」よりも、それを通して見えてくる「社会」の方に焦点があるように思いました〉

やっぱり「社会」なのですね。それにしても、なぜ「万引き家族」なのか。その点に関しては、朝日が解説しています。

〈作品の構想を練っていた時、ニュースで報道される家族の姿に目が留まったという。「経済的にかなり追い込まれた状況で、万引きや年金を不正に受給することでかろうじて生活を成り立たせている家族。その中で、血縁を超えた関係を描いたらどうだろうか」〉

是枝監督は、やはり「家族」と「社会」なのですね。それにしても「ニュースで報道される家族の姿」とは何のことでしょうか。これに答えを与えてくれるのが同日付朝刊の毎日の記事です。

〈『万引き家族』は、年金不正受給事件がきっかけの一つで〉なのだそうです。家族を描くけれど、その背景に社会が見えてくる。これが是枝マジックなのでしょう。

（2018年5月25日）

日本代表、W杯で活躍 あふれる「手のひら返し」

この文章を読まれる頃には、サッカー・ワールドカップの対ポーランド戦の日本代表の試合結果が出ています。昨夜の試合を見て睡眠不足の人もいることでしょう。

ワールドカップ開会前には、とかく酷評されていた日本代表の活躍ぶりが目立っています。新聞紙面ではどう表現されているでしょうか。セネガルと引き分けた興奮が冷めた頃の2018年6月26日付朝刊の記事で比較してみましょう。まずは朝日のスポーツ面。

〈身体能力が高い相手に、日本は逃げずに真っ向から挑んだ。「デュエル（決闘）」。ハリルホジッチ前監督が口うるさいほどに求めた、局面での厳しさ。この

日の日本には、それがあった〉

おや珍しい。大会直前に解任されたハリルホジッチ氏の指導を取り上げています。前監督の薫陶《くんとう》の成果がやっと出たと評価しているようにも読めます。前監督に対する低い評価が氾濫《はんらん》していただけに、新鮮な視点です。

それにしても、日本がコロンビアに勝った途端、テレビ各局の日本代表への手のひら返しの再評価は、見ていて恥ずかしくなりました。大会前には西野朗《にしのあきら》監督のことをあげつらっていませんでしたか。勝った途端、西野監督が現役選手時代、いかに女性ファンにもてたかを特集するワイドショーもありました。

読売の1面コラム「編集手帳」は反省を込めて、こう書きます。

〈難敵セネガルを相手に乾、本田選手の得点で2度も追いつき、引き分けに持ち込んだ試合は感動を呼んだ。ワールドカップの話題を書くとき、小欄は体よくふるまっていたものの、心の中では出ないでほしい選手を浮かべたりしていた。本

田さん、ごめんね〉

コラムの文章は、こうでなくては。世の中の不条理を嘆き、ときには悪を指弾することがあるコラムは、自分のことを棚に上げていては読者の共感を得られません。

では、日経新聞のコラム「春秋」はどうか。

〈いじわるな上司、クレームを言い立てる客、隣人を見下すママ友……。そういう理不尽を撃退した出来事を紹介し、スカッとした度合いを測るテレビ番組がある。それまで人を小バカにしていた相手が、こちらの実力を知ったときの狼狽《ろうばい》ぶりなど「スカッと度」最高だ〉

こう書き出していますから、何のことかわかりますね。日本代表の気持ちを推し量った文章です。このコラムも、次の文章が続きます。

〈もっともわれら、忸怩《じくじ》たるものを感じないわけにはいかない。開幕2カ月前の監督交代、ベテラン重視の代表選考、親善試合での不振などに世の批判は噴出し、「忖度《そんたく》ジャパン」なる揶揄《やゆ》もあった。それが一転、西野朗監督の「神采配」をたたえ、本田圭佑選手を「大明神」とあがめる。手のひら返しの見本というべきか〉

この文章を読んで思い出しました。日本代表もメンバーが発表になったとき、「驚くほどサプライズなし」というスポーツ紙の見出しもありました。私たちが、いかに勝手でムードに流されやすいことか。「大迫半端ないって」という言葉で「半端ない」という表現を初めて知った人も多いことでしょう。早くも今年の流行語大賞候補です。

〈だからその逆の現象も起きうるのがニッポン社会の怖さである。バッシングと賛嘆はどうやら紙一重なのだ――などという理屈はさておいて、毀誉褒貶《きよほうへん》に取り巻かれてきた日本代表はいたって冷静であるに違いない〉

これも日経のコラムの続きの文章です。ここには慎重な配慮が見えます。手のひら返しは「日本社会の怖さである」と言い切ると、「そういうお前はどうなのだ」という反撃が予想されるので、コラムの筆者は「などという理屈はさておいて」と逃げを打っておくのです。いつなんどきどこで手のひら返しがあるかもしれないニッポン社会。コラムの筆者も「怖さ」と戦っているのです。

（2018年6月29日）

安倍首相の自民総裁3選
政治部長はどう見た？

自民党の総裁選挙で安倍晋三首相が連続3選を果たしました。新聞各紙は社説で安倍首相への注文を書いていますが、1面には各紙の政治部長が論評しています。この各紙の論調の違いが面白いのです。

その前に、ひとつ注目点がありました。3選を果たした安倍首相を何歳と表記するかで新聞の判断が分かれたのです。２０１８年9月21日付朝刊で、朝日と読売は「63」と表記しましたが、毎日と日経は「64」と書いています。どうして違うのか。安倍首相の誕生日が記事の掲載日だったからです。

つまり、安倍首相が総裁に3選された段階では63歳だったのですが、朝刊掲載日には64歳になっていたのです。そんな事情を知らないまま新聞を読み比べたら、「あれ、この新聞、年齢を間違えている」という反応が出てしまいそうですね。ここは、なぜこの年齢を表記したのか説明がほしいところ。この心配りが読者に親切なのです。

さて、政治部長の論評を、まずは日経新聞から。

〈自民党総裁選に勝利した安倍晋三首相は、2021年9月まで向こう3年間の任期を手にした。任期いっぱい務めれば憲政史上最長の桂太郎をも超える。これより長い為政者は、黒船が来襲した徳川12代将軍にまで遡《さかのぼ》らなければならない〉

すごい表現ですね。「黒船来航」ではなく、「黒船来襲」ですよ。なんでこんな表現になるかといえば、次の文章の伏線だからです。

〈いま日本を取り巻く環境は黒船以来といってもよい状況にある。貿易戦争の言葉が飛び交い、世界では力による政治、ポピュリズムが横行する。この3年間は

日本の針路が決まる期間となる〉

ずいぶんと力が入っています。でも、「この3年間は日本の針路が決まる期間」と言われても、どの首相のときも「日本の針路」を決めてきたのではないでしょうか。

毎日はどうか。

〈安倍晋三首相にとって苦い勝利に違いない。総裁3選を決めた顔に笑みはなかった〉

厳しい表現に以下が続きます。

〈昨年の衆院選で安倍自民が圧勝した時にくすぶっていた「信頼できない」「地方を向いていない」という「安倍1強」への地方の不満はさらに大きな声にな

り、党員票での石破茂元幹事長の善戦につながったのだろう〉

では、朝日はどうか。

〈問われたのは、「1強」がもたらした政権のゆるみとおごりだった。しかし、歴代最長の通算在任期間をうかがうのにふさわしい信頼を、安倍晋三首相が勝ち得たようには見えない〉

こちらも毎日と同じように厳しい論調です。意外だったのが読売。こちらも安倍首相に厳しい注文です。

〈ワンサイドゲームにも見せ場や、次の試合へのヒントがあるものだ。安倍首相の圧勝で終わった自民党総裁選も、そうだった〉

こう書き出して、安倍首相の「敵」として、「長期政権の惰性、おごり、飽き」

を指摘しています。

〈政策より政治手法が焦点となり、国会議員票ほどには党員票で差がつかず、読売新聞の調査で「安倍1強は好ましくない」と答えた党員は59%にのぼった〉

安倍首相への注文として、やはり長期政権のドイツのメルケル首相と比較している点が読ませます。

〈昨年の衆院選で自民党は政権基盤を強めたものの、比例選での得票率は33%だった。同時期の比例選主体のドイツ総選挙では、安倍氏以上に政権の長いメルケル首相の与党が得票率33%で「求心力低下」と言われた。同じ「3割政党」の評価を分けたのは、得票率以上に多数の議席を得やすい衆院の小選挙区制と、日本の野党の「多弱」ぶりだ。圧倒的な議席は「国民の支持」の実態よりも大きいと自覚せずに「選挙に勝ったからいいじゃないか」となってしまうと、独善的な政治に陥る〉

愛すればこその諫言《かんげん》でしょうか。説得力があります。

（2018年9月28日）

参院選、投票翌日の朝刊
改憲勢力、各紙の評価は

最初から最後まで盛り上がらない参議院選挙になったのは、誰の責任なのか。そんなことを考えながら、東京の自宅に届いた投票翌日の朝刊各紙の1面をチェックしました。

まずは朝日。「自公改選過半数」の横見出しで、縦見出しは「改憲勢力$\frac{2}{3}$は届かず」です。

こういう見出しが妥当だろうなあと思いながら他紙を見ると、毎日も横見出しは「自公勝利改選過半数」とあり、縦見出しは「改憲3分の2届かず」。日経新聞も横見出しは「与党が改選過半数」、縦見出しは「改憲勢力は$\frac{2}{3}$割れ」です。

みんな同じだなと読売1面を見て、驚きました。横見出しは「与党勝利改選過半数」は、ほぼ同趣旨ですが、縦見出しは「1人区自民22勝10敗」とあります。

「改憲勢力2/3割れ」は、大きな見出しになっていません。1面下半分の所に、ようやくこの見出しがあります。

安倍晋三首相は、選挙中、改憲論議を進めるべきだと主張してきました。それを実現するためには、改選後も3分の2を維持することが必須です。となれば、選挙結果を評価するときに改憲勢力がどうなったのか、縦見出しにするのが妥当な判断でしょう。本文を読むと、ちゃんと3分の2割れになったことが書いてあるのですから、見出しをつける担当者の判断でしょう。疑問が残ります。

一方、産経新聞は横見出しが「改憲勢力3分の2困難」とあり、縦見出しは「自公、改選過半数」です。東京新聞も横見出しは「改憲勢力3分の2割る」で、縦見出しが「自公改選過半数は確保」です。ふだん論調が対立する産経と東京が、見出しでは同じ判断をしています。

ここには、改憲を進めるべきだと主張する産経と、改憲に批判的な東京が、どちらも3分の2に達するかどうか注目していたからでしょう。重点の置きどころは異なっても、産経と東京の見出しの判断は、読売よりは納得できます。

こういう結果を、当日のコラムはどう書いたか。朝日の「天声人語」は、〈大相撲名古屋場所は、モンゴル出身の横綱同士の対決を鶴竜が制して幕を閉じた〉と書き出します。選挙を相撲に例えたなとすぐにわかります。自民党を横綱に例え、安倍首相の演説は横綱相撲ではなかったという趣旨です。わかりやすい例えですが、発想がストレートです。

毎日の「余録」は？〈その昔、ナイル川上流域に住むシルック族の王は病気や老いの兆しを見せてはならなかった。見せればすぐに殺されたのだ〉。これには驚かされます。コラムの導入として工夫がありますが、実はこれは英人類学者フレーザーの「金枝篇《きんしへん》」に出ている話となると、コラム筆者の教養ばかりを見せつけられる印象です。

読売の「編集手帳」はどうか。〈農家の方は見かけるものかもしれない。「とうが立つ」。「とう」は【薹】と書く。難しい字だが、野菜などを適時に収穫しないと、伸びてくる花茎のことである〉という書き出しは、これまた工夫の跡が見えますが、要は選挙での野党の戦いぶりを批判的に評価し、立憲民主党について、

「国民から党が立ったと見られるか、野党の地位のまま臺が立ったと見られるか」と締めます。まさかの駄洒落《だじゃれ》。「編集手帳」といえば、以前は希代の名文家・竹内政明さんが担当していました。このコラムを見たらどう思うのでしょうか。

では、気を取り直して日経の「春秋」。〈さすが、当代一流の先生方、よくぞこれだけ的確かつコンパクトにまとめるものだなぁ、と感心する。高校生向けの日本史の教科書にある平成の首相や内閣に関する記述だ〉と書き出し、コラムの筆者は、将来安倍首相がどう総括されるか私案を提示しています。

「再び首相の座につくとデフレ脱却をめざして、一連の経済対策を打ち出し、民主党政権で悪化した米国や中国との関係立て直しに取り組んだ」と書かれるか、「少子高齢化を見すえた大胆な改革は先送りされた」と評価されるか。未来に現在がどう評価されるか。大事な視点です。

(2019年7月26日)

第七章

新聞は読み方次第で考える武器になる

グリーンランド買収構想 笑い話じゃない米の思惑

2019年8月21日付の朝日新聞夕刊を見て驚きました。トランプ米大統領が、デンマークの自治領グリーンランドを買収する構想を持っているというのです。

その構想が明らかになると、デンマークのフレデリクセン首相は売却を否定。この反応に不快感を示したトランプ大統領が首相との会談を延期したというのです。

他国の領土を買収！ トランプ大統領の意外な言動には慣れてきましたが、それでもこの構想にはたまげました。

たしかにアメリカは、かつてルイジアナ州をフランスから買収しましたし、アラスカ州もロシアから買いました。でも、それは19世紀のこと。まさか現代において、デンマーク国民が5万人以上も住んでいる土地を購入するなど常軌を逸していると呆れていました。

ただ、同記事には「米メディアによると、ロシアや中国が北極への進出をうかがう中、トランプ氏は周囲にグリーンランドを購入する方法があるか、検討するよう話したという」と書いてあります。これだけでは何のことかわからなかったのですが、26日付朝刊1面の記事で疑問が氷解しました。驚くような構想は「北米に親中国家が誕生するかもしれないとの危機感だ」というのです。

記事によれば、島の空港拡張工事の資金を中国が融資する動きが出たことで、デンマーク政府やアメリカが慌てているというのです。

〈空港の拡張は、多くの島民が願う独立への一歩になりうる。2009年に自治権が拡大されたが、経済的自立が課題だった。それが温暖化の影響で氷が溶け始め、資源開発がしやすくなった〉

そこで自治政府は経済発展のために空港の拡張を計画します。ところが費用が高額になるのでデンマーク政府は負担に消極的でした。

〈自治政府が頼ったのが中国だった。17年、自治政府のキールセン首相が北京を訪問。中国輸出入銀行などを回り、協力を求めた〉

この動きにアメリカが反発しました。島の北部には、アメリカを狙った大陸間弾道ミサイルを検知するレーダーがある米軍基地があるからです。アメリカは神経をとがらせ、デンマーク政府に対して「中国に進出させるな」と注意喚起。デンマーク政府は消極姿勢を一変させ、自治政府に低利融資を申し出たそうです。

〈だが、この動きは独立派を刺激した。グリーンランド議会のビビアン・モッツフェルト議長（47）は「米国とデンマークは傲慢《ごうまん》だ。中国が私たちに投資をしたいなら、今後も排除しない」と話す。中国のレアアース鉱山などへの投資額は島のGDP（域内総生産）の1割を超す。中国への期待は高い〉

なるほど。グリーンランドが中国の勢力圏になるという脅威を心配しているのですね。

〈極地を宇宙や深海などと並ぶ戦略上の新領域と定めた中国政府は18年1月、北極政策をまとめた初の白書を公表。「氷上のシルクロード構想」を提唱し、自らを「北極近傍国家」と位置づけ、北極圏への進出姿勢を鮮明にした〉

これがトランプ大統領の「グリーンランド買収構想」につながったのですね。

自治政府の権限がどの程度のものなのか、独立派と自治政府の関係はどんなものかなどがはっきりしない記事なのが残念ですが、それでもトランプ構想が笑って済ませられるものではないことがわかります。

そこで改めてグリーンランド買収構想についての他紙報道を調べてみると、日経新聞は既に17日付夕刊でこう書いていました。

〈米政権は中国が北極政策の一環としてグリーンランドに接近していることに警戒を強めている。国防総省は5月の報告書で、中国が衛星通信施設や空港の改良工事をグリーンランドに提案していると指摘。軍事転用の可能性を懸念してきた〉

なんだ。朝日はむしろ出遅れたのですね。でも、事態の背景についての現地取材で、他紙に追いつき、追い抜いたということでしょう。

（2019年8月30日）

東電旧経営陣3人に無罪 裁判用語、伝わったか

裁判に関する新聞記事は、専門用語が多く、一般の読者は敬遠しがちです。でも、東京電力福島第一原発事故をめぐり、旧経営陣3人が起訴された裁判となれば、関心を持って読む読者も多いことでしょう。

この裁判で、東京地裁は2019年9月19日、3被告にいずれも無罪判決を言い渡しました。無罪の理由は何か。読売新聞の20日付朝刊は、裁判長が「巨大津波の襲来を合理的に予測できた可能性がなく、事故の発生を予見できなかった」と述べたと伝えています。「合理的に予測できた可能性がなく」とは、いかにも裁判用語ですね。読者は戸惑います。

毎日新聞では「事故を回避する義務を課すにふさわしい予見可能性があったと認めることはできない」と述べたそうです。「義務を課すにふさわしい予見可能

性」とは何か。普通「ふさわしい」という言葉はプラスの意味で使われます。この文脈での使用は違和感が残ります。

朝日新聞は「事故当時、巨大津波を具体的に予測して、対策工事が終わるまで原発の運転を止めるべき法律上の義務があったと認めるのは困難だ」と述べたと伝えています。3紙の中では朝日の表現が、読者に一番違和感がないでしょう。

今回の裁判は、「強制起訴」されたものです。読売の記事には「検察官役の指定弁護士」という用語も出てきます。これも読者には説明が必要です。どう説明しているのか。

〈3人については、原発事故の避難者らの告訴・告発を受けて東京地検が2度、不起訴としたが、東京第5検察審査会が「起訴するべきだ」と議決。指定弁護士が16年2月に強制起訴した〉

「東京第5検察審査会」なる言葉も出てきて、読解不能でしょう。朝日はこう解説しています。

〈強制起訴は「司法に民意を反映させる」として09年5月、裁判員制度とともに導入された。市民からくじで選ばれた検察審査会のメンバー11人のうち8人以上が2回にわたって「起訴すべきだ」と議決すれば、必ず起訴されるようになった〉

読売よりはましですが、「司法に民意を反映させる」という表現が簡略すぎ、わかりにくいのです。

その点、毎日は丁寧です。

〈強制起訴制度は、検察官が独占してきた起訴権限に市民感覚を反映させようと2009年に始まった〉

事件の関係者を起訴するかどうかは検察にだけ与えられた権限なのです。このため検察が不起訴と決めれば、それっきり。そこで市民感覚で検察の捜査を検証しようという組織です。全国にあり、東京は人口が多いので、23区内に1から6まで、多摩地区にも立川検察審査会があります。読売は「第5検察審査会」と詳しく書いたために、かえってわかりにくくなりました。

朝日は、〈2回にわたって「起訴すべきだ」と議決すれば、必ず起訴されるようになった〉と書いていますが、「2回にわたって」というのが意味不明です。ここでも毎日は〈8人以上が「起訴すべきだ」と判断すると「起訴相当」議決。検察官が再び不起訴としても、8人以上が改めて同じ判断をすると「起訴議決」となり、強制起訴される〉。

これで「2回にわたって」の意味がわかります。

強制起訴されても、検察は不起訴を決めていますから、裁判での検察官の役目は、本物の検察官には頼まず、裁判所が指定した弁護士が務めます。だから「指定弁護士」です。

検察や裁判を担当するのは社会部記者。いつも法律用語を使っていると、読者の感覚から乖離《かいり》しがち。その点を自覚してほしいのです。

今回の判決報道で異彩を放ったのが日経新聞です。各紙が1面トップで大々的に取り上げているのに、日経は1面の下のほうに3段という小さな扱い。社会面では大きく扱っていても、1面の扱いには理解に苦しみます。東京電力は、経済新聞にとっても大きな存在。その存在意義が問われた裁判なのですから、大きく扱うべきでしょう。どんな判断が働いたのでしょうか。

（2019年9月27日）

検事長の定年延長
その答弁、怒るべきです

新型コロナウイルスをめぐるニュースが連日報じられています。仕方のないことではありますが、その陰に隠れて大事なニュースの扱いが小さくなっていないか心配です。

私が気になっているのは東京高検（東京高等検察庁）のトップである黒川弘務《ひろむ》検事長の定年延長を安倍内閣が決めたことです。

これについて朝日新聞は2020年2月4日付朝刊で取り上げました。

〈政府が東京高検の黒川弘務検事長（62）の定年延長を決めたことが波紋を広げている。安倍政権との距離が近いとされる黒川氏が、検察トップの検事総長に就

く可能性が残ったことになる〉

この記事だけでは、定年延長がどのような意味を持つのか、いまひとつピンときません。朝日もこれ以降、続報を掲載することで、徐々に異例の決定の意味がわかってくるのですが。できればこの時点で詳細な構図を示してほしかったところです。

これまでの新聞各紙の報道を総合すると、次のようなことです。

国家公務員法では原則60歳が定年と定められているが、退職により公務に著しい支障があれば定年を延長できる。

ところが国家公務員であっても検察官には検察庁法という別の法律が適用され、検察官は63歳、検事総長は65歳が定年と決められている。検察官は、普通の国家公務員とは別格の扱いなのです。その分、定年延長の規定はありません。

東京高検の黒川検事長は今年の2月8日で63歳になることから、2月7日に退職することになっていました。ところが安倍内閣が、黒川氏の定年退官直前の1月31日、国家公務員法の規定を使って、黒川氏の定年を8月7日に延長しました。すると、どうなるのか。

現在の稲田伸夫検事総長が65歳になるのは来年8月。まだ先なのですが、歴代の多くの検事総長は2年務めて勇退していました。この慣例に従うと、今年の7月ごろに勇退するのではないかと見られています。

その一方、黒川氏のライバルである林真琴《まこと》・名古屋高検検事長は7月に63歳を迎えます。そこで稲田検事総長は、黒川検事長が定年退官した後、林検事長が定年になる前に勇退して林氏に検事総長の座を譲る。これが検察内部の人事構想だったと言われています。

しかし安倍内閣の閣議決定で、黒川氏は8月まで現職にとどまります。そこで稲田氏が7月いっぱいで勇退すれば、後任に黒川氏を任命することが可能になりました。

検事総長の任命権は内閣にありますが、検察官は誰を起訴するかしないか判断する唯一の機関。政治家を捜査することもあります。その特殊性に配慮して、内閣は検察内部の人事構想を尊重していました。それなのに安倍内閣が人事に介入したのではないかというのが、今回のニュースです。

検察官の定年は検察庁法で定められており、一般の国家公務員よりも長い。そこで、1981年の国会で当時の政府は、国家公務員の定年延長規定は検察官には適用されない、と答えました。今回の安倍内閣の決定は、この政府答弁と異なります。いつ解釈を変えたのか。

2月12日の衆議院予算委員会で人事院の給与局長は「現在まで同じ解釈を続けている」と答えました。これでは、人事院の知らないところで安倍内閣が勝手に決めてしまった、ということになります。

ところが同局長は19日になって、「つい言い間違えた」と答弁。安倍内閣の決定を追認する修正をしたのです。官僚がかわいそうです。

今回、安倍内閣が黒川氏の定年延長を決めた理由について森雅子法相は「重大かつ複雑、困難な事件の捜査・公判に対応するため」などと答弁したそうです

(2月4日付朝日朝刊)。この答弁だと、黒川氏がいなくなると、検察庁には仕事を引き継ぐことができる人材がいないという意味に取れます。日本の検察には、そんなに人材がいないのか。検察官も怒ってしかるべきではありませんか。

(2020年2月28日)

データ偏らない仕組み
世論調査、誤解解く努力を

「マスコミの世論調査って、どこまで信頼できるんですか？」

私がよく聞かれる質問です。電話世論調査の仕組みを説明すると、「そこまで考えられているんですか」と感心してもらえるのですが、意外に多くの人が誤解しています。誤解内容は後で取り上げますが、不信感を増幅させる事実が明らかになりました。フジテレビと産経新聞社の合同世論調査で、調査委託先の業者が不正をしていたというのです。

〈発表などによると、調査業務を委託されていたアダムスコミュニケーション（東京都）が約半分を再委託していた日本テレネット（京都市）の管理職社員が不正を主導した。実際に得た回答の居住地や年齢などを変える方法で架空の回答を作成していた。調査に対し、この社員は「派遣スタッフの電話オペレーターの確保が難しかった」「利益向上のためだった」「社内のほかの人たちも手伝った」などと説明したという。

世論調査は、内閣支持率や新型コロナをめぐる対策など、政府の対応の評価などを尋ねるもので、毎回全国の18歳以上の男女約1千人が対象。不正は各回で１００件以上、14回分で計約２５００件に上るという〉（朝日新聞6月20日付朝刊）

これは衝撃的なニュース。朝日新聞社も紙面で大きく扱い、「メディアの存在問われる」という解説をつけています。この中で松本正生《まさお》・埼玉大学社会調査研究センター長の談話を次のようにまとめています。

〈かつてはメディア各社は自社で対面調査をすることが多かったが、近年は外部委託が増えた。また、今回の不正の背景には、知らない人からかかってくる電話への抵抗感が強まっていることなどから電話調査の回収率が下がっていたこともあるとみる。「求められる数を集めるため、今まで以上に電話しなければならず、かさんだコスト分を埋めるために架空のデータをつくってしまったのではないか」〉

現場の苦しい状況と不正の背景がわかります。では、朝日は大丈夫なのか。記事には朝日新聞社の調査方法についての説明があります。

〈朝日新聞社が実施している電話世論調査では、フジテレビ、産経新聞とは別の調査会社に実務を委託しています。ただし、調査会社任せにはせず、朝日新聞の社員が調査会場に出向いて、調査会社の業務を管理・監督しています。調査会社の社員と一緒に調査の進み具合を点検したり、オペレーターと対象者との電話のやりとりを確認したりするなどして、不適切な運用がないよう細心の注意を払っています〉

これで調査がきちんと管理されていることはわかりますが、読者は、そもそもの疑問を持つはずです。それは、「家にある固定電話にかけても出てくるのは高齢者か専業主婦ばかりだから、結果は偏っているんでしょう」という誤解です。

ここは調査対象者の選び方など説明すべきでしょう。実は毎週金曜日に朝日の夕刊に「世論調査のトリセツ」というコーナーがあり、4月17日付でこう解説しているのです。

〈調査は固定電話と携帯電話の両方が対象です。固定電話の場合は出た人にすぐ意見を聞くのではなく、その家庭の中から対象者を1人選びます。そうしないと電話を最初に取りがちな主婦や高齢者の意見に結果が偏るからです。「有権者は3人」とわかれば、コンピューターで抽選して「年齢が一番下の方」などと決定。不在の場合でも対象者は変えず、2日間で何度か電話します〉

これだけの工夫・配慮をしているのですね。では、電話をかける対象者はどうやって選んでいるのか。

〈よくあるお尋ねで、かける電話番号はコンピューターで数字をランダムに並べて作成しています。

これは「RDD方式」と呼ばれ、誰につながっているかはオペレーターも把握できない仕組みなのです〉

偏りのないデータを収集するために、これだけ努力をしているのです。今回のニュースに一番怒っているのは、きっと現場で苦労しているオペレーターの人たちでしょう。

（2020年6月26日）

疑惑報告のフィンセン文書
国際調査の内幕読みたい

2016年「パナマ文書」が大きなニュースになりました。中米パナマの法律事務所から流出した膨大な内部文書のことで、世界各国の首脳や富裕層がタックスヘイブン（租税回避地）を使った金融取引で資産隠しをしていた疑惑があることが明らかになりました。

この疑惑を調査報道したのが、「国際調査報道ジャーナリスト連合」。この名前を久しぶりに見ました。21日付朝日新聞は、3面で新たな疑惑を報じています。

〈世界各地での麻薬犯罪や汚職などに絡む資金洗浄（マネーロンダリング＝マネロン）を示唆する米政府の内部文書を米バズフィードニュースが入手し、国際調査報道ジャーナリスト連合（ＩＣＩＪ）が分析、調査した。世界有数の金融機関が、犯罪行為による資金の出どころを隠すため送金するマネロンに利用されている可能性が浮かび上がった〉

世界各国にまたがる資金洗浄や違法な送金などは、各国の捜査機関による捜査では限界があります。各国の報道機関による調査報道も、国境の壁が支障になってスムーズには進みません。そこで、各国の報道機関が提携・協力して調査する組織が誕生したのです。

〈この入手文書は、金融機関が「疑わしい取引の報告」として、米財務省の「金融犯罪取締ネットワーク局」（フィンセン）に提出した２１００件以上の電子ファイル。朝日新聞など88カ国の提携記者４００人が16カ月にわたって精査し、金融機関側や、マネロンに関与した疑いがある企業や個人を取材した。ＩＣＩＪと提携メディアは流出文書を「フィンセン文書」と名付けて、日本時間21日午前２時に世界同時に報道を始めた〉

3面の記事は中央アジアのトルクメニスタンで国庫からの資金が不正に送金されている疑惑やウクライナの元大統領の側近が関係する会社の疑惑が取り上げられていますが、どちらも日本には直接関係がないので、読んでいても、いまひとつピンと来ません。それよりは25面の記事の方が、インパクトがあります。

〈東京五輪・パラリンピックの招致委員会がコンサルタント業務を委託したシンガポールの会社から、国際オリンピック委員会（ＩＯＣ）の有力委員の息子とその会社に計約37万ドル（約３７００万円）が送金されていたことがわかった〉

〈37万ドルの送金は、国際調査報道ジャーナリスト連合（ＩＣＩＪ）と米バズフィードニュース、朝日新聞、共同通信、ラジオ・フランスなどの「フィンセン文書」プロジェクトの取材で把握した米財務省や仏当局の資料でわかった〉

この親子への贈与疑惑は前にも報道され、日本の招致委員会がシンガポールの会社に送金したことは2016年に明らかになっています。今回は、その会社がどのように息子側に送金したのかが明らかになったというのです。息子は「五輪とは無関係」と答えているようです。

ＩＣＩＪと提携して取材した共同通信も、招致委員会の送金に関する記事を出稿し、共同通信に加盟している毎日新聞が、朝日新聞と同様の記事を掲載していますが、こちらは1面の左側で大きな扱いです。

さらに、共同通信の記事を地方紙各紙も大きく扱っています。たとえば私が確認できただけでも21日付の信濃毎日新聞や河北新報は1面トップで報じ、別の面でさらに詳しい解説を掲載しています。

なぜ朝日は、それだけの大きな扱いをしなかったのか。「これは前に報じた話の続報だろう」という判断があったのではないかと推測します。でも、東京五輪招致のための資金が贈与資金に化けていたとすれば重大なこと。改めて大きく扱っても良かったのに、という思いが残ります。

それにしても、いつもならライバルにもなる各国の報道機関が協力して国際的な疑惑を追及するのは画期的なこと。さぞかし苦労も多かったことでしょう。どのように取材をしたのか、その内幕を紹介する記事を読みたいものです。

（2020年9月25日）

温室効果ガス実質ゼロの「解説」専門用語クイズですか？

日本もついに地球温暖化対策で世界各国と足並みをそろえました。菅義偉首相が国会の所信表明演説で「２０５０年までに温室効果ガスの排出を全体としてゼロにする」と宣言したのです。２０２０年10月27日付朝刊各紙はいずれも大きく取り上げました。

温室効果ガスとは、地球を取り巻く二酸化炭素のようなガスのこと。太陽で温められた地球の熱が逃げないようにする働きがあるので、まるで温室のようだとして、この名前で呼ばれます。

でも、「ゼロにする」という見出しを見て、「生活していれば二酸化炭素を出すのに、どうやってゼロにするのだろう」と疑問に思った読者は多いはずです。

その疑問に答える記事は、朝日の場合、1面にこう書いています。

〈温暖化対策の国際ルール「パリ協定」の目標達成には、50年までに世界全体の温室効果ガス排出を森林吸収分などを差し引いた実質でゼロにする必要がある。約120カ国が「50年実質ゼロ」を掲げるなか、日本の目標は「50年までに80%削減」にとどまっていた〉

日本が世界に比べて遅れていたことを指摘していますが、ゼロにするのは「森林吸収分など」を差し引くからと説明しています。短文で説明しなければならない以上、こういう表現になってしまうのは理解できますが、読者には不親切でしょう。

3面に「脱炭素　日本もようやく」と詳しい解説が出ているので、ここに説明があるかと思ったのですが、ないのですね。それどころか、ここには次々に専門用語が羅列されています。

たとえば日本がなぜゼロを目標にしたかといえば、次の事情があるそうです。

〈経済界ではすでに、石炭火力発電への投資を大手銀行が控えるといった動きも出ている。環境や社会問題に配慮した企業に投資する「ＥＳＧ投資」もますます活発になっており、こうした流れに背中を押された側面も大きい〉

出ました、「ＥＳＧ投資」。経済面なら、この用語をそのまま使っても違和感ないでしょうが、ここは総合面。経済に疎い読者も読む面です。もっと配慮が必要でしょう。

この面には梶山弘志経済産業相の「カーボンニュートラルは簡単なことではなく、日本の総力を挙げての取り組みが必要」という発言が紹介されています。「カーボンニュートラル」？　二酸化炭素が出ても森林吸収分などを差し引けばゼロになることなのですが、説明のないままの紹介は不親切極まりないでしょう。

さらに、ゼロにするためには原発の新増設や建て替えが必要になるというのが経産省の考えですが、記事の中では「建て替え（リプレース）」と書いています。「建て替え」だけでいいのに、なぜ（リプレース）というカタカナをつける必要があるのでしょうか。

この記事の中では欧州の取り組みも紹介し、こう書いています。

〈炭素税や排出量取引制度など、CO_2排出に価格をつけて削減を促す「カーボンプライシング」が導入されている〉

ここまで来ると、「以下の用語の意味を解説せよ」というクイズ問題に使えそうです。念のために言っておきますが、これは皮肉です。

毎日新聞も大きな扱いの記事を掲載していますが、こちらは「温室効果ガスの実質ゼロ」の解説が全くありません。力が入った記事だけに残念です。

では、読売はどうか。こちらは菅首相の所信表明演説の中の一部としての紹介と解説しかなく、物足りないのですが、2面に「実質ゼロ」についての解説がありました。

〈実際の排出量から、植物が光合成などを通じて吸収した量を差し引いて算出する。排出量と吸収量が釣り合った状態を「実質ゼロ」と呼ぶ。吸収量は「気候変動枠組み条約締約国会議（COP）」で決められた方式に従って計算する〉

これが読者の立場に立った記事というものです。

（2020年10月30日）

第八章

埋もれた事実を掘り起こす

萩生田文科相巡る報道
「端境期」発言、反応せよ

大学入試に民間の英語試験を利用する案は、萩生田《はぎうだ》光一文科相の「身の丈発言」で潰れましたが、萩生田大臣は、またも問題発言をしています。朝日新聞2019年12月24日付朝刊の34面に、次の記事が出ていました。

〈来年度から大学など高等教育の学費負担を減らす文部科学省の新制度で、従来なら支援を受けられたのに対象外となる新入生が出ることについて、萩生田光一文科相は23日、「先輩はこういう家庭環境でこうだったのに、俺はという不満はあるかもしれない」とした上で、そうした学生が出ることに対し、「制度の端境期なので、ぜひご理解を」などと述べた。

文科省によると、対象外となる新入生は国立大だけで約5千人になる見込み〉

これは由々しきことです。制度を変えることで支援を受けられない新入生が出ることは、制度設計の欠陥と言うべきでしょう。

官僚が制度設計をした結果、対象外の学生が出ることが明らかになったら、政治家の出番でしょう。政治主導で救済策を考えるべきなのに、政治家が自ら「端境期なので、ぜひご理解を」とは、なんたること。弱い立場の人への思いやりが感じられません。これでは、「身の丈に合わせて」という発言と大差ないではありませんか。子どもたちに教育の機会均等を保障すべき文部科学省のトップの発言とは信じられません。「身の丈発言」がなぜ批判されたのか、その意味がわかっていないのではありませんか。

こんな重大な問題発言をしたのに、朝日のほかは日経新聞が24日の夕刊10面に小さく載せただけで、読売新聞や毎日新聞は、この萩生田発言を報じていません。これはどういうことか。他の新聞記者たちは、この発言の重大さにすぐに気づかなかったのでしょうか。気づかなかったのならば、記者たちの感性の鈍さに驚くしかありません。

その点、朝日の記者は問題を感じたのですぐに記事にしたのでしょう。その点で高く評価しますが、これだけの問題発言なのに、その後の続報がないのは、ちょっとがっかりです。

朝日の記事を朝刊で読んだ後、同日の毎日新聞夕刊2面の「あした元気になあれ」というコラムに、こんな記事を見つけました。

〈フィンランドで世界最年少の女性首相が誕生した。サンナ・マリーンさん、34歳。1児の母。新内閣の閣僚は女性が12人、男性7人。しかも連立政権に参加する他の4党の党首は全員女性という〉

〈もっとも、私が今回、マリーン首相誕生のニュースで一番心を動かされたのは、その若さでも性別でもない。彼女の経歴だ。

幼い頃に父親のアルコール依存が原因で両親が離婚。貧困を経験した。本人が

「レインボーファミリー育ち」と語るように、その後、母親とその女性パートナーに育てられた。中学までの成績は振るわなかったが、高校や自治体の運営する施設で自分の居場所や仲間を見つけ、親族の中で初めて大学進学を果たした。「私を救ってくれたのは福祉制度と学校の先生」と政治家の道を志したという〉

フィンランドは幼稚園から大学まで学費が無料。だから貧困の中からでも大学進学のチャンスがあり、首相までの道が開けます。コラムの記者は、こう文章を続けます。

〈ため息が出た。今の日本でこの人生は可能だろうか。ひとり親世帯の貧困率が5割を超え、生活保護世帯や養護施設出身者の大学進学率は極端に低く、文部科学相が教育機会を語るのに「身の丈」などという言葉を持ち出す国なのだ〉

全くの同感です。制度改革の狭間《はざま》で不利益を被る学生たちに対し、「端境期」という言葉を持ち出す大臣の神経を疑います。

国連の国別幸福度調査でフィンランドは2年連続の首位であるのに対して、日本の幸福度は世界58位。その理由が、これでわかろうというものです。子どもたちへの愛情が感じられない大臣と、感性の鈍い記者たち。これでは少子化を食い止めることができないではありませんか。

（2019年12月27日）

「桜を見る会」の深部へ足で稼ぐ、これぞ記者だ

新聞を読む人が減っている。いつも言われていることですが、読んでもらえるようにするにはどうしたらいいか、現場は苦闘しています。そんな現場の新聞記者の苦悩がよくわかる記事が本紙2020年1月21日付朝刊にありました。「新聞と読者のあいだで」というコラムで、社内勉強会の様子の報告です。

この勉強会で、「読まれない傾向にある記事」とは、「焦点が定まらない記事」「目線が高い記事」「先に頭で考えた記事」「体温が低い記事」だというまとめがありました。「体温が低い記事」という表現は面白いですね。読んでいて記者の熱い思いが伝わってこない記事のことでしょう。

この後、26日になって毎日新聞朝刊に、記者の思いが感じられる長文の記事が

出ました。安倍晋三首相主催の「桜を見る会」の参加者に首相後援会の会員が増えている理由を首相の地元で取材した結果です。〈首相の地元、山口県下関市を歩くと、自民党内の激しい政争が浮かび上がってきた〉というのです。

そこには安倍派対林派の対立がありました。「林」とは林芳正元農林水産相のこと。

〈安倍首相は衆院山口4区（下関市、長門市）の選出で、林氏は山口選挙区選出の参院議員だが、地盤はやはり下関市だ〉

どうしてこんなことになったのか。

〈下関市は中選挙区時代の旧山口1区の一部だった。定数4だった旧山口1区では、安倍首相の父晋太郎氏と林元農相の父義郎氏が共に出馬してきた。ところが、1996年に小選挙区制が導入され、下関市は隣の長門市と山口4区に組み入れられた。4区からは晋太郎氏の後を継いだ安倍首相が出馬することになり、高齢だった義郎氏は比例代表に回った。義郎氏の後を継いだ林元農相が参院なのは、そういう流れからだ〉

しかし、林氏の支援者たちは、林氏に衆院にくら替えして総理大臣を目指してほしいという思いがあるといいます。参院議員のままでは総理大臣は事実上、無理だからです。

衆院にくら替えするとすれば、どこなのか。まさか安倍首相の4区から出るわけにはいかない。〈林派の多くは隣の3区（宇部市、萩市など）からの出馬に期待する。しかし、3区には河村建夫《たけお》・元官房長官がいる。首相と河村氏との関係は良好で、林氏が3区から出馬を強行すれば、党公認が得られない可能性は高い〉というわけなのです。

安倍首相としては、林氏が衆院にくら替えするのを阻止したい。そこで2017年の下関市長選挙は、「安倍・林の代理戦争」と呼ばれたそうです。林氏の系列の現職市長に対して、安倍首相の元秘書が挑み、小差で選挙に勝ったのです。
地元の下関市議（無所属）は、安倍首相の元秘書の選挙で「協力してくれた『ご褒美』に、桜を見る会が利用されたのでは」と見ているというのです。
このルポを書いた記者は、こう総括しています。

〈下関市長選をきっかけに激化した政争が、桜を見る会への安倍首相による招待者増加に影響を及ぼしたのは間違いなさそうだ〉

なるほどねえ。安倍首相の後援会のメンバーが多数「桜を見る会」に招待されたという話を聞くと、「後援会は大事だからなあ」と変に納得してしまいがちですが、記者はそれではいけないのですね。現地を実際に歩いてみて取材する。記者の原点を見る気がします。
しかし、この取材は容易ではなかったようです。

〈桜を見る会について関係者の口は一様に重かった。話を聞いた十数人のほとんどは実名での証言を拒み、「かん口令が出ている」と言葉を濁す人、あえて人目につかない郊外の喫茶店を面会場所に指定してくる議員、「（自分の発言は）匿名ぞ、匿名ぞ」と何度も確認する社長もいた〉

そして、こんな証言も。

〈中間派の自民党関係者はこう言った。「下関で安倍派に逆らうと生きていけない。ファシズムですよ」〉

この証言に尽きます。取材記者の「体温の高さ」が伝わってきます。

（2020年1月31日）

財務省職員自殺、遺族が提訴
記者の「共感力」あらわに

私の記者生活は今年（2020年）48年目になります。長ければいいというものでもありません。何をやってきたんだろうとの自戒を込めつつ言いたいことは、記者には「共感力」とでもいうべきものが必要ではないかということです。ここでの私の定義は「弱い立場の人の思いに共感し、その人に代わって発信する力」のことです。

「読者に寄り添う」とか「読者の視線で」とかの表現もありますが、「寄り添う」という言葉は、すっかり手あかがついてしまいました。そこで私が使うのは「共感力」です。

記者は、世の中のあらゆる事象を扱います。私も駆け出しの記者時代、さまざまな事件に遭遇し、多数の遺体を見てきました。無残な遺体の身元確認をすることになった遺族の横で言葉を失ったこともあります。

どうすれば、こんな悲劇が二度と起きないようにすることができるのか。自問自答しつつ、そのためには事件や事故をきちんと世の中に伝えることだと言い聞かせて仕事をしてきました。

しかし、慣れとは恐ろしいもの。そのうちに悲惨な現場を悲惨と感じなくなっていく自分がいました。自分の感情を押し殺した方が、取材が迅速にできるという事情もあったからですが、いつしか「共感力」が摩滅したように思えました。

でも、それでいいのだろうか。自分は何のために記者になったのか。いまの現役の記者諸君にも原点に返ってほしいと思うのです。

私がこう思ったのは、「森友文書改竄《かいざん》」問題で財務省の職員が自殺したことをめぐり、自殺した職員の妻が国と佐川宣寿・元同省理財局長に損害賠償を求める訴えを起こした記事を読んだからです。

私はいま「改竄」と書きました。朝日新聞の用語ルールでは「改ざん」と書くのですが、改竄と書いた方が悪質なイメージが喚起されるので、あえて漢字にしておきます。

3月19日付本紙朝刊は、1面トップでこのニュースを伝え、2面、4面、39面でも扱っています。

実はこの話は『週刊文春』が先に報じているのですが、弁護団が職員の手記や遺書を公開したことで、新聞各紙も報じることができました。

週刊文春でこのニュースを伝えたのは、NHK大阪放送局で森友事件を取材していた相沢冬樹氏。NHK内の人事異動で記者を外され、いまは大阪日日新聞記者です。記者魂とはどんなものか教えてくれます。

では、朝日以外の新聞は、このニュースをどう伝えたのか。毎日新聞は同日付朝刊1面の左肩に掲載しています。朝日ほどではありませんが、それなりの報道です。

1面での扱いは大きくありませんでしたが、26面に残された手記の全文を紹介しています。朝日は手記の要旨しか掲載していなかったので、この点で毎日の扱いが光っていますね。読者は週刊文春を買わなくても全体を把握することができたのですから。

読売新聞は、どうか。34面に「自殺職員の妻提訴」という3段見出しの記事です。4面の政治面でも財務省の対応を小さく報じていますが、これだけです。記者には「共感力」が求められると冒頭に書いたのは、この扱いを見たからです。

公文書の改竄をするように求められた職員が自殺し、改竄の経緯を記した手記を残していた。職員は、改竄を求められたことなどからうつ状態になり、自殺。その後、財務省の近畿財務局は、公務災害に認定している。これは大ニュースでしょう。これを大きく扱わないというのは、どういうことなのか。現場の記者が短い原稿を書いただけだったのか。それとも現場の記者はしっかりとした原稿を書いたのに紙面化の段階で小さな扱いになったのか。真相は紙面を見るだけではわかりませんが、記者の原点に返ってほしいと言いたくなったのです。

一方、日経新聞は、提訴の記事だけでなく、職員が残した手記の要旨も掲載しています。日経新聞の記者の方が、読売の記者より「共感力」があるように思えます。

（2020年3月27日）

首相〝反撃〟の2枚3300円
布マスク、実は町おこし

いわゆる「アベノマスク」への批判が連日ニュースになっています。せっかくマスクを全戸配布しようとしたのに批判を受ける。安倍晋三首相は我慢できないのでしょうね。〝反撃〟に出ました。２０２０年4月17日の記者会見でのことです。何があったのか。翌18日付の朝刊各紙がどこも詳しく載せなかったやりとりを、毎日新聞電子版が伝えています。

〈安倍晋三首相が17日の記者会見で、朝日新聞の記者から「布マスクの全住所配布で批判を浴びている」と指摘された際〉〈「御社のネットでも布マスクを３３０0円で販売しておられたと承知している。つまり、そのような需要も十分にある中で2枚の配布をさせていただいた」と皮肉った。朝日新聞社が運営する通販サ

イト「朝日新聞SHOP」は17日現在で「物流に支障が出る恐れがある」として受注停止となっている〉

このやりとりがネットで話題になったことを受け、ネットニュースのBuzzFeed（バズフィード）Newsが間違った情報が拡散していると指摘しました。

〈ネット上に広がったのが、4月18日未明の以下のようなツイートだ〉〈「安倍総理に記者会見で布マスク批判をした朝日新聞記者に対して「御社で売っている3，300円の布マスク」というブーメラン突っ込みをされた後、突如朝日新聞SHOPを閉鎖する朝日新聞SHOPの巻」

しかし、朝日新聞SHOPが安倍首相の指摘を受けて「突如閉鎖」されたという指摘は誤りだ。SHOPは4月7日から緊急事態宣言が出されたことを踏まえ、閉鎖されているからだ〉

間違った情報が拡散しているのなら正す必要がある。バズフィードは、きちんとした仕事をしています。さらにこの記事を読んで発見したことがあります。次の指摘です。

〈なお、このマスクは朝日新聞社が製造しているのではなく、大阪府泉大津市の老舗繊維企業がつくったものだ。２枚セットで手作り、４層構造の精巧なつくりという点をアピールしていた。

泉大津市は「繊維のまち」として知られ、コロナ問題でのマスク不足で、市と商工会議所、地場メーカーが協力して「泉大津マスクプロジェクト」を立ち上げ、地元の技術を生かした布マスクを製造している〉

そこで泉大津市のウェブサイトを見ると、こう書いてありました。

〈「繊維のまち・泉大津」のマスクプロジェクト開始！
新型コロナウイルス感染症の蔓延《まんえん》に伴い、店頭でのマスクの品薄、品切れなど、必要な人にマスクが届かない状況を改善するため、泉大津商工会議所と本市が連携し、「毛布やニット製品をはじめとする『繊維のまち』だからこそできること」として、地域の繊維メーカーと小売店の協力のもと、「泉大津マスクプロジェクト」が始動しています。

長年培った技術を駆使し、地域の繊維メーカーである6社（中略）がマスク製造に取り組み、各社の個性をいかした泉大津ならではの良さが詰まったマスクを揃《そろ》えました。

布製等のマスクは洗ってまた使えるので、環境にも優しく、また、マスク不足の解消にもつながります。

繊維のまちが取り組むプロジェクトで、新型コロナウイルス感染症の拡大を一緒に防ぎましょう！〉

なんと町おこしではありませんか。そういえば安倍首相は「地方創生」を言っていたのではないでしょうか。さらに泉大津商工会議所のウェブサイトを見ると、高品質のマスクの定価は2枚で３３００円。

安倍首相の発言だけ聞くと、まるで朝日新聞がマスクを高値で売ってもうけているかのような印象を受けますが、実際は定価通りでの販売。町おこしに協力した販売ではありませんか。

南出賢一泉大津市長は、ツイッターで、こうつぶやいています。

〈泉大津市マスクプロジェクトが正しく伝わってほしい。趣旨とそのマスクの素材やつくりをちゃんと知ってもらえたらなあ。泉大津が注目を受けたのは有り難い。チャンスに変えよ〉

こんな面白い情報をなぜ朝日はすぐ記事にしなかったのでしょうか。

（2020年4月24日）

黒川氏との賭けマージャン 密着と癒着の線引きは

この原稿を書くのは、なんとも気の重いことです。東京高検の黒川弘務検事長と産経新聞の記者2人、それに朝日新聞の社員が、緊急事態宣言中に賭けマージャンをしていたというニュースです。このニュースを知ったとき、私の頭の中にはいくつもの感情が渦巻きました。

朝日と産経は社としては犬猿の仲だけど、現場レベルでは親しい関係を持っている人がいるんだ。

黒川検事長という時の人に、ここまで食い込んでいる記者がいることには感服してしまう。自分が現役の記者時代、とてもこんな取材はできなかったなあ。

朝日の社員は、検察庁の担当を外れても、当時の取材相手と友人関係を保てているということだろう。記者はこうありたいものだ。

でも、いくら何でも賭けマージャンはまずいだろう。しかも、『週刊文春』にすっぱ抜かれたのだから間抜けなことだ。なんで新聞社が、こういう記事を書けないんだ……。


私もかつてNHK社会部の記者でした。警視庁を2年間担当し、捜査1課の幹部から一線の刑事たちまで、多くの人たちから情報を得ようと必死な時代がありました。結局たいした特ダネも書けないまま警視庁担当を外れました。

いまでも時折、あの頃のことを思い出し、自分のふがいなさに情けなくなります。後輩たちに偉そうなことは言えません。

しかし、このとき上司から言われたことは忘れられません。記者の心得として、「密着すれど癒着せず」という言葉でした。

取材相手に密着しなければ、情報は得られない。でも、記者として癒着はいけない。この言葉を肝に銘じて……と言うと優等生のようですが、密着することができなかった自分の能力不足を棚に上げて、「癒着はダメだから」と自分をだましていたようにも思えてしまいます。

今回の出来事を、どう考えればいいのか。悩みながら新聞各紙を読んでいたら、2022年5月22日付の毎日新聞朝刊に載ったジャーナリストの大谷昭宏氏のコメントが目を引きました。大谷氏は、かつて読売新聞大阪本社で大阪府警を担当し、特ダネ記者で鳴らした人です。それだけに大谷氏の考えを知りたかったのです。こう書いています。

〈記者は取材相手に食い込むために、お酒を飲んだり、マージャンやゴルフをしたりすることもある。まして黒川氏は検察でいえばナンバー2だ。同業者としては複雑な思いもあり、建前で語りたくはない〉

この時期に、これはなかなか勇気のある発言です。「賭けマージャンとはけしからん」と建前のコメントをするだけでも済んだのに、簡単に切って捨てるわけにはいかないという思いがにじみ、好感が持てました。

もちろん、このコメントの後で大谷氏は「到底、肯定できない」と批判しているのですが、そこで終わってはいないのです。こう語ります。

〈一方で、この件をもって記者の牙を抜いてしまうようなことがあってはいけない〉〈(権力を持つ側が)発表した文書を通り一遍に伝えるだけでは記者の仕事は成り立たず、読者にディープな情報を届けられなくなってしまう。新聞には公器としての役割がある。記者が自らを律しながら取材をしていくことが重要だ〉

そうですね。記者の取材活動が、これで萎縮してはならないのです。でも、毎日の紙面の大谷氏の隣ではメディア論が専門の鈴木秀美氏が、こう語っています。

〈ソーシャルメディア上では、この問題に関して「記者たちは黒川氏が賭けマージャンをしていることを知りながら、なぜそのことを報じなかったのか」という声が上がっている。一線の記者たちは、報道倫理について改めて考えを巡らせて

ほしい〉

賭けマージャンをしていることを知りながら、なぜ報じなかったのか。こういう疑問が出るのは当然のことです。読者から、そう聞かれたら何と答えるのか。他社の記者たちにとっても人ごとではなく受け止めてほしい声です。

（２０２０年５月29日）

特ダネとは何か
埋もれた事実を世の中に

「特ダネ」とは、何か。私もＮＨＫ記者時代、特ダネを求めて四苦八苦していました。

振り返ってみると、いずれ発表されるであろうことを他社に先んじて伝えることに熱中していたのではないかという反省があります。本当の特ダネとは、その報道がなければ世の中の人が知ることがなかったという種類のものではないでしょうか。

その手の特ダネこそ取材力がものを言う。２０２０年7月27日付本紙朝刊の1面トップには快哉《かいさい》を叫びました。次のような書き出しの記事です。

〈東日本大震災の復興事業を請け負った大手ゼネコンの支店幹部らに提供する目的などで、複数の下請け企業が不正経理による裏金作りを行っていたことがわかった。朝日新聞の取材で確認した税務調査内容などによると、裏金は少なくとも計1億6千万円にのぼる。こうした裏金の原資は、復興増税などを主な財源として投じられた国費だった〉

この記事に「朝日新聞の取材で確認した」という文章があります。これが、いわゆる「調査報道」です。当局の発表をそのまま書くのではなく、自社の責任で報じる。これはリスクのある行為です。たとえば警察や役所の発表をそのまま書いていれば、間違った内容が含まれていても、発表した主体の責任です。しかし、「朝日新聞の取材で」と書く以上、記事の全責任は朝日新聞社が負うのです。

この記事がなぜ大きな扱いになるかといえば、裏金の原資が国費だったからです。私たちの税金で行われている復興事業のお金の一部が裏金に回り、ゼネコン幹部が我々の税金で飲み食いしていた、というわけです。読めば読むほど怒りが湧いてきます。続きを読みましょう。

〈取材で確認できたのは、清水建設、安藤ハザマ、鹿島、大成建設（いずれも本社・東京）の幹部らへの提供を目的にした下請け企業の裏金作り〉

「取材で確認できたのは」とさらりと書いていますが、これが、どれだけ困難なことか想像できます。まずは、問題のゼネコンの名前を割り出し、具体的に何があったのかを確認。その上で、その企業に取材するのですが、取材にまともに応じてもらえる確証はありません。取材対象の企業が認めれば、記者は安心して記事を書けますが、取材に応じなかったり確認を拒んだりされると、「記事にした後、抗議されたらどうしよう」という危惧の念を抱いてしまいます。こういうときは、記事にした後、抗議されないだけのしっかりとした根拠が必要です。

たとえば「福島県大熊町の除染工事に清水建設の下請けで参加した東京都の建設会社」の場合、「裏金は、清水建設の現場幹部に10回に分散して現金などで渡したほか」と書いています。ここで注目すべきは「10回」という具体的な数字です。「数回に分散して」とか「十数回にわたって」とか、ぼかした数字にすることなく、具体的に「10回」と特定していることです。これだけ具体的な数字を確認するのに、どれだけ大変だったことか。記者の苦労がうかがえます。

それにしても、どうしてこんなことがまかり通ってきたのか。取材班は、「歪《ゆが》んだ復興マネー」と題した連載記事を3回にわたって掲載しました。そこに出て来る具体例は、驚くことばかり。

〈高級クラブで飲んでいる支店幹部に呼び出され、1回100万円以上の飲み代を支払わされた。幹部は席で1本数十万円する高級ワインを何本も頼むことがあった。ホステスにプレゼントする高級時計の費用を立て替えた〉

こうした事業は環境省の管轄です。環境省は何をやっていたのか。

〈環境省福島地方環境事務所は取材に、裏金作りなどの不正経理が行われている

との認識はなく、工事の積算や検査も適切に行っているとした〉
役所の常套句《じょうとうく》、「適切に行っている」という言葉が登場しました。国民の税金を取り扱っている自覚が、どこまであるのでしょうか。

（2020年7月31日）

首相の体調は「公益」に資する会見を

安倍晋三首相の体調はどうなのか。気をもむ日々です。2020年8月17日に続いて24日にも慶応義塾大学病院を訪れたからです。どちらもかなり長時間の滞在でした。安倍首相といえば、2007年、持病の潰瘍《かいよう》性大腸炎が悪化して総理を辞任した過去があります。これを思い出した人も多いことでしょう。

おそらくこのコラムが掲載される金曜日に、安倍首相の記者会見があるはずです。ここで何が語られるのか。今週、私は名古屋の大学での集中講義のため名古屋に滞在しています。そこで名古屋本社発行の新聞各紙を読みながら首相の体調を注視してきました。

安倍首相は8月24日に連続在職日数が歴代最長となりましたが、異変が起きています。

〈歴史的な記録更新にも、いまの首相官邸内にお祝いムードはない〉と朝日は8月24日付朝刊で書いています。

〈最近になって首相が出席する予定だった25日の自民党役員会は中止。27日に予定されていた首相と党幹部らによる在職記録更新の「お祝い会」も延期された〉

こうなれば首相の健康状態に注目が集まることは避けられません。しかし、首相の健康状態を報道することは、なかなか難しい状況もあります。

一国の首相のことですから、新聞各社が報道するのは当然のこと。その一方で、首相にもプライバシーがあるでしょう。「いや、首相は公人なのだからプライバシーなどない」という考え方もありうるでしょう。

また、首相の健康不安が大きく報道されると、周辺諸国も「首相は辞任するのか」「首相の判断力は正常なのか」などと関心を寄せてくるでしょう。これは日本にとって、けっしていいことではありません。

だからといって、「首相の健康状態は国家機密だ」と正確な情報が伝わらないのも独裁国家ではあるまいし、それでは困るのです。

安倍首相の体調に関し、日経新聞は24日付朝刊でこう書きます。

〈首相自身は健康不安を払拭《ふっしょく》したい思いがあり、周囲に「逃げたと言われたくない」と漏らす。毎年恒例である河口湖の別荘での静養に消極的で、1泊2日で検査入院すべきだとの周辺の進言にも「泊まったら騒ぎになる」と日帰りで済ませた〉

政治家は、とりわけ首相の立場はつらいですね。でも、政治家が政治に命をかけるのは当たり前だ、という厳しい声もあります。

それにしても、安倍首相の病気はどんなものなのか。潰瘍性大腸炎に関して、毎日新聞が25日付朝刊で丁寧に解説しています。

〈この病は厚生労働省指定の難病で、良くなったり（寛解期）、悪くなったり（活動期）を繰り返す患者が多い。首相は12年12月の再登板以降、病状は安定しているとしていたが、2週連続の通院に再発を指摘する見方もある。潰瘍性大腸炎の患者は国内で約22万人。免疫の異常で大腸の粘膜にびらん（ただれ）や潰瘍ができた後、血便や下痢、腹痛などが続く〉

こんな説明を読むと不安になりますが、この記事では専門医の解説が続きます。

〈大阪医科大の中村志郎専門教授（炎症性腸疾患）は「治療法はこの10年で急速に進歩している」とし、重症者も多くは入院せず外来で治療できると説明する〉

こう聞くと少し安心もしますが、問題はその後です。

〈中村氏によると、悪化後の治療期間については個人差があり「速やかに改善す

る人もいれば、2〜3カ月でゆっくり改善する人もいる」と語る〉

さて、安倍首相はどちらなのか。

毎日新聞の古賀攻・専門編集委員は、26日付朝刊のコラム「水説」で、こう書きました。

〈病は究極の個人情報だが、行政トップの体調の異変は当てはまらない。不確かな情報はむしろ「公益」に反する〉

本日、「公益」に資する記者会見をお待ちしています。

（2020年8月28日）

第九章

同じニュースでも新聞社で違いが出る

ラグビー日本代表の敗退
躍進と壁、解説も奮闘

日本にこんなにラグビーファンがいたのだろうか。ラグビー好きを自認してきた私としては、驚くばかりです。でも、にわかファンでもいい。ラグビーの面白さを知ってもらえれば。

それにしても、ラグビーワールドカップ（W杯）日本大会の試合をテレビ中継で見て、結果を知っている読者に試合経過を伝えるのは大変です。目が肥えた読者もいますから、なまじの解説記事では満足できないでしょう。

その一方で、ルールをよく知らないにわかファンにも読んでもらうには、どうしたらいいのか。

いや、そもそも2019年10月20日の準々決勝で日本は負けたのだから、どれだけの人が負け試合の解説を読むのか。そうは言ってもラグビーの解説記事が多くの人に読まれるのは、こういうときしかないのですから、ラグビー担当記者には晴れ舞台です。

21日付朝刊の1面や社会面の記事は、ラグビーに詳しくない人でも理解できる内容にして、スポーツ面はラグビーに詳しい人も納得させるものにする。各社は、この方針で紙面を作ったのはないでしょうか。各紙ともラグビーを扱ったスポーツ面はカラー写真です。ラグビーと同時間帯に行われていた日本シリーズの写真はモノクロなのです。日本シリーズの影が薄くなりました。

朝日1面は、こう書いています。

〈開始早々にトライを許したが、その後は流れを引き寄せた。前半は、ほぼ日本のペース。そこに4年間の進歩があった〉

負けたとはいえ、高い評価です。一方、スポーツ面の10面の記事はニュアンスが少し異なります。

〈ノートライの力負けだった。4強は日本にとってぶ厚く、高い壁だった。(中略)振り返れば、善戦に見えた前半に伏線は敷かれていた。日本は球を支配していたが、密集で南アに強い圧力を受けていた。球をバックスに展開してもパスの精度は低かった。足が止まった状態で球をもらったところに狙いすましたタックルを決められた〉

日本はまだまだという分析です。読売は読売で、別の視点で弱さを分析しています。16面です。

〈日本中を熱狂させてきた戦いが終わりを告げた。日本は持ち得る全ての力を振り絞っても、トライを挙げることはできず、勝利には手が届かなかった。戦い方はほぼプラン通りだったという。前半、前に詰めてくる相手の背後をキックで突く攻撃がアクセントとなり、いい形でボールを運べる場面は見られた。ただ想定以上だったのは、決勝トーナメントの舞台での強豪のすごみだった。

南アフリカは身体的な強さを前面に出し、なりふり構わず日本に向かってきた。その圧力は圧倒的だった。防御時の出足の鋭さはグループリーグで対戦した相手とは段違いで、タックル後のボール争奪戦で後手に回った。反則がかさみ、ペナルティーゴールで着実に点差を広げられた〉

読んでいてつらいですが、日経31面もこう書きます。

〈南アは研究していた。日本が快足の両翼に回そうとすると、外の選手がダッシュし、パスコースに蓋《ふた》をする。内側の選手が迷う場面が多発。姫野やマフィらの突進力もこれでは半減する。タックルされながらのオフロードパスも警戒。日本選手の腕を抱えるなどしてボールの制御を奪う。これまではつながっていたあと1本が届かなかった〉

そうは言っても、「日本すごい」と言ってほしい人には、毎日13面をどうぞ。

〈日本はジョセフ・ヘッドコーチ（HC）の下、長期合宿を繰り返して持久力と連係に磨きをかけ、選手の自主性と創造性を生かしたラグビーを作り上げた。タックルを受けながらボールをつなぐ「オフロードパス」、手首を返して外にボールを渡す「フリックパス」といった技術は、南アフリカにも通用した〉

日本はたしかに頑張った。だが世界の壁は厚かった。この結論を文章で表現しようと各紙奮闘しました。どれだけ伝わったのでしょうか。

（2019年10月25日）

被爆地での演説 ローマ教皇は何を訴えた

ローマ教皇が来日し、長崎や広島の被爆地など各所で演説しました。朝日新聞の２０１９年11月25日付朝刊は、〈訪日しているローマ・カトリック教会のフランシスコ教皇は24日、被爆地の長崎と広島を訪れて演説し、核兵器の廃絶を強い言葉で訴えた〉と書き出しています。

一方、読売新聞は、〈来日中のローマ教皇フランシスコ（82）は24日、長崎と広島を訪問した〉と書きます。これですと、なんだかローマ教皇を呼び捨てにしているようで落ち着きません。毎日新聞は、〈フランシスコ・ローマ教皇（82）は24日、被爆地の長崎、広島を相次いで訪れ、核兵器廃絶に向けたメッセージを世界に向けて発信した〉と、こちらも朝日と同じく教皇の呼び捨てを避けたように見えます。

それはともかく、教皇は何を訴えたのか。朝日の1面記事です。

〈「核戦争の脅威で威嚇することに頼りながら、平和を提案できるのか」と問いかけ、核保有だけでなく核抑止も否定し、米国の核の傘に入る日本を暗に批判した〉

ローマ教皇のこの部分の演説を毎日新聞は、こう書いています。

〈「戦争のための最新鋭で強力な兵器を製造しながら、平和について話すことなどうしてできるでしょうか」と述べ、核兵器を保有することで戦争を防ぐとする「核抑止論」を批判した〉

この発言を「日本を暗に批判した」とは受け止めていないようです。ただし3面に解説があり、こう書いています。

〈日本は唯一の被爆国として、核保有国と非核保有国の「橋渡し役」を自任している。ただ、弾道ミサイルの発射を繰り返す北朝鮮を念頭に、日本を取り巻く現在の安全保障環境から「核抑止力は必要だ」との立場を崩していない〉

教皇は「核抑止」の考え方を否定しているので、結果として日本政府の方針も批判されているという構造になっています。

では、読売はどうか。

〈核の抑止力の考え方を批判するとともに、多国間主義の後退が核問題の解決を困難にしていると警告した〉

読売も「日本を暗に批判した」とは受け止めていないように読める記事です。それどころか2面でこう解説しています。

〈核抑止力については、米ソの冷戦時代に機能し、現在でも欧州などで一定の役割を果たしているといわれている。日本も、日米同盟に基づく米国の「核の傘」に守られており、米国の核抑止力は必要との立場だ〉

ローマ教皇の呼びかけに批判的な解説でした。その読売が、同日付の7面に教皇の長崎での演説の全文の日本語訳を掲載したのは読者に親切でした。朝日や毎日は演説要旨だけだったのが残念です。

教皇の演説についての識者の解説で読ませたのは毎日です。大阪女学院大大学院の黒澤満教授は、こう書いています。

〈メッセージは指導者だけでなくすべての人々に向けられており、核軍縮への動きを政治家だけでなく、市民にも求めている。これらはフランスなどカトリック教徒が多い国をはじめ各国の世論に影響を与える可能性がある〉

そうそう、ローマ教皇には、それだけの力があったのだということを思い起こさせてくれます。

残念だったのは同日付朝刊の日経新聞の社会面の記事です。

〈1981年のヨハネ・パウロ2世の被爆地訪問時には、教皇が広島で「戦争は人間のしわざ」という平和アピールを発表。多くの被爆者が被爆体験を語る契機となった〉

ヨハネ・パウロ2世の言葉が、なぜ契機となったのか、これではわかりません。当時、広島や長崎のカトリック信者たちの多くが、原爆を「神から与えられた試練」と受け止め、被害を語ることを控えていたのです。教皇が「戦争は人間のしわざ」と演説したことで、信者たちの心も重しがとれ、重い口を開きました。ここまで書かないと読者には不親切です。

（2019年11月29日）

「桜」夕食会めぐる疑惑 辞めた首相に その態度?

〈「桜も散って久しいのに、なんで今芽が出てくるんだ」。自民党幹部は24日、吐き捨てるように語った。新型コロナウイルスの感染拡大と安倍氏の首相辞任によって、この問題は幕引きしたと見ていただけに動揺は大きい〉(毎日新聞2020年11月25日付朝刊)

安倍晋三前首相の後援会が「桜を見る会」の前日に主催した夕食会をめぐり、費用の一部を負担した疑いがあることがわかっての反応です。

この事実が判明したのは、読売新聞が11月23日付朝刊に特ダネとして報じたからです。読売は、その後も他紙の追随を許さぬ勢いです。

読売の記事を受け、朝日新聞が24日付朝刊で「安倍氏側　数百万円負担か」という追いかけ記事を出すと、同日の読売新聞は「安倍氏側　８００万円超補塡《ほてん》か」と具体的な数字を出しました。

また読売にしてやられた他紙は、毎日新聞が25日付朝刊で「参加者から徴収した会費では足りなかった総額８００万円余を支払っていた疑い」と、読売の記事をそのまま書きました。

一方、朝日は単純な追いかけではなく、「安倍氏側　５年で９１６万円補塡」（25日付朝刊）と詳細な数字を出しました。この段階で、朝日は読売を出し抜いたかに見えましたが、この日の読売の記事の見出しは「安倍氏側　領収書廃棄か」と、ホテル側から受け取った領収書を廃棄していた疑いのあることを書いています。またまた読売にやられましたね。

こうなると、安倍氏が首相時代、国会で費用の一部負担を否定する答弁をしていたことが問題になります。それについて朝日は同日付朝刊で、次のように書いています。

〈安倍氏周辺は「当時、秘書が安倍首相に虚偽の説明をしていた」と説明。安倍氏は昨年、国会答弁に先立って秘書に「事務所が（一部を）支出していることはないか」と確認していたという。その際、秘書は「払っていない」と虚偽の説明をしたとしている。

秘書が安倍氏にこうした内容を伝えたのは、東京地検特捜部が秘書らを事情聴取していると一部が報道した23日だったという〉

「一部が報道」というのは、要するに読売新聞が特ダネを書いたことを指します。秘書の説明が正しければ、安倍氏は秘書の言い分をそのまま信じていたことになります。高級ホテルでの前夜祭のパーティーが会費5000円で済むのか。

〈5000円で済んだ理由は、1月の衆院予算委で「何回も使っている方と、いちげんの方とで、商売においては当然（扱いが）違う」と強弁していた〉（毎日25日付朝刊）

これも秘書の説明を受けたものなのか。それとも自分なりに想像して答えたことなのでしょうか。

秘書が安倍氏に虚偽の説明をしていたということになると、全ては秘書の責任になるのか。秘書に虚偽の説明をさせてしまった議員の責任はどうなるのか。

野党が安倍政権で官房長官だった菅義偉首相の対応について衆院予算委で問いただしたところ、〈菅氏は「私自身も、前首相が国会において答弁された内容について首相に確認し、答弁してきた」〉（朝日25日付夕刊）と答えています。要は安倍首相に確認したことを話したまでで、自分には責任がない、と言っているのですね。なんだか安倍氏に冷たいですね。首相を辞めた人には、こういう態度を取るのでしょうか。

今回のことで安倍氏を取り巻く情勢はどうなるのか。

〈歴代最長政権を築いた安倍氏の手腕は党内では評価が高く、政権が揺らいだ場合に安倍氏が首相として「再々登板」することへの期待論もある。ただ、今後の事態の推移次第ではこうした期待もしぼみかねず〉（毎日26日付朝刊）ということのようです。菅首相にしてみれば、前任者がいつでも再々登板するという意欲を見せていては、やりにくいでしょうね。今回のことは、菅首相にとって、むしろプラスに見えてしまうのですが。

（2020年11月26日）

学力国際調査の各紙記事
同じデータで印象は逆

同じデータを基にしても、新聞社によってトーンの違う記事になることは、よくあるものです。でも、これだけくっきりと違いが出るのは、ちょっと珍しいかも知れません。

２０２０年12月9日付の朝日新聞朝刊は1面で、数学・理科の国際調査の結果を報じています。記事の見出しは、〈小４「理科楽しい」でも平均点は低下〉というものでした。本文を読んでみましょう。

〈のべ64カ国・地域の小学4年と中学2年が参加した２０１９年の国際数学・理科教育動向調査（ＴＩＭＳＳ《ティムズ》）で、日本の小４理科の平均得点が03年以来初めて低下した。理科の勉強が楽しいと答えた小４の割合は過去最多の92％で、学習意欲をどう学力につなげるかが課題として浮かんだ〉

勉強が楽しければ成績も上がるはずなのに、そうはなっていない。これは不思議です。これについて文部科学省は「様々な要因があり、中長期的な分析が必要」と説明しているそうですが、本文で理科教育の専門家は「小４の得点が下がった理由ははっきりしない。小中の指導の連携を強め、注視していく必要がある」とコメントしています。

これだけを見ると、日本の子どもたちの学力は大丈夫かと不安になります。同日付の日経新聞はどうか。こちらの見出しは、〈小中の理科　順位下げる　学習意欲の低下なお課題〉とあります。

朝日の記事では小４の学習意欲が高まっていると書いてあるのに、日経では低下しているという。日経の記事本文を読んでみましょう。

〈「算数・数学の勉強が楽しい」と答えた小4は77％で、中2は国際平均から10ポイント以上下回る56％にとどまった。「理科の勉強が楽しい」と答えた中2も同様に70％だった。小4理科のみ国際平均より6ポイント上回る92％だった〉

朝日の記事は小4の「理科の勉強が楽しい」という比率が高いことに注目していますが、日経は算数・数学で「楽しい」と答えた生徒が国際平均を下回っていることを取り上げたため、一見正反対のような見出しになったのでした。

一方、毎日新聞は心強い見出しでした。〈中2数学　過去最高点〉というものだからです。本文を読んでみましょう。

〈日本の結果は、中2数学の平均点が8点上昇して過去最高を更新し、小4算数と中2理科は過去最高だった前回並みの水準を維持するなど4教科すべてで5位以内をキープした。（中略）日本は上位層と下位層の得点の差が小さいのが特徴だ。（中略）文科省は「日本では都市部でも山間部でも一定の水準の教育が保たれ、教員の指導力の高さが下位層の子どもたちを引き上げているからではない

か」と推測している〉

毎日の記事を読むと、日本の子どもたちの学力水準は高く、しかも上位と下位の差が小さいという理想的な結果になっています。日本の教育は素晴らしいと胸を張りたくなります。

では、読売新聞はどうか。見出しは〈小中理数　世界5位以内〉となっています。なるほど、全部まとめた表現ですね。本文はどうか。

〈日本は中2数学の平均得点が過去最高となるなど高い水準を維持し、算数・数学と理科の平均得点は小中とも世界5位以内だった。勉強が「楽しい」と答えた子供の割合も過去最高だった。（中略）文部科学省は「小中とも過去最高点だった前回に続き、日本の子供が高い理数能力を持っていることが示された。ＩＴ分野などで活躍する人材の育成につなげたい」とした〉

これを読むと、明るい気持ちになりますね。「日本の子供が高い理数能力を持っていることが示された」というのですから。

同じデータでも朝日を読むと少し不安になり、日経だと深刻な気分になりますが、毎日や読売を読むと、自信がつきます。

どれも間違ってはいませんが、色調が異なります。見出しだけでなく、本文の熟読が求められます。

（2020年12月25日）

バイデン大統領就任演説
訳し方で違った印象に

アメリカのジョー・バイデン大統領の就任式は、時差のため日本国内では深夜の中継となりました。実際にどんな演説をしたか知りたい人は、新聞各紙2021年1月22日付朝刊に掲載された日本語訳をじっくり読んだのではないでしょうか。

朝日新聞や日経新聞は、英文と日本語を対訳の形で同時に掲載しました。読売新聞は、本紙は日本語訳だけで、英文は読売の英字紙「ジャパン・ニューズ」に掲載しました。就任演説は格調が高く、日本語訳だけを読んでいると、「あれ、この部分はどんな英文なのだろう」と知りたくなる人もいるはずですから、ここは対訳にしてほしかったところです。

新聞各紙を読み比べると、バイデン大統領の言葉を「です、ます」調で訳すか、「である」調で訳すかによって、イメージが違ってくることがわかります。たとえば朝日新聞。冒頭に近い部分で、こう書きます。

〈今日、私たちは大統領候補者の勝利ではなく、大義の、民主主義の大義の勝利を祝福します。人々の意思は届き、そして聞き入れられたのです。民主主義は大切であることを改めて学びました。民主主義は壊れやすいものです。皆様、今この時、民主主義は勝利したのです〉

一方、読売はこう訳しました。

〈私たちが今日祝うのは候補者の勝利ではなく、大義、すなわち民主主義の大義だ。国民の意思が聞き入れられ、考慮されたのだ。民主主義がかけがえのないものであることを、私たちは新たに学んだ。民主主義とは、もろいものだ。そして皆さん、民主主義は今この時をもって、勝利した〉

では、日経はどうか。

〈我々はきょう、一候補者の勝利ではなく、民主主義の大義の勝利を祝っている。人々の意思が響きわたり、人々の意思が聞き入れられた。我々は改めて民主主義の貴重さを認識した。民主主義はもろいものだ。しかし今この瞬間、民主主義は勝利を収めた〉

あなたはどの訳文が好みですか。バイデン大統領の人柄をほうふつとさせるのは、朝日の訳文でしょう。優しい口調になっているからです。でも、なんだか校長先生が生徒に話しているようなイメージもあります。

読売は「である」調を採用したことで格調高くなりましたが、「考慮されたのだ」という表現はこなれていない印象です。日経は大胆な意訳です。「人々の意思が響きわたり」と訳すとは、ちょっとびっくりです。

アメリカ大統領は代々キリスト教徒ですが、バイデン氏はケネディ以来のカトリック教徒です。それらしい箇所があります。日経新聞はこう訳しました。

〈何世紀も前、聖アウグスティヌスは人々は愛の共通の目的で定義づけられると書いた〉

これでは、なぜ聖アウグスティヌスを引用したのかわかりません。これに対して朝日はこう訳します。

〈何世紀も前、私の教会の聖者、聖アウグスティヌスはこう記しました。民衆とは、愛する共通の対象によって定義される集団であると〉

この方がいいですが、さらに丁寧なのが読売です。

〈何世紀も昔、私が属する教会の聖人である聖アウグスティヌスは、人々は愛を

注ぐ共通の対象によって特徴付けられると説いた〉

「私の教会」より「私が属する教会」の方が、わかりやすいですね。

アメリカはキリスト教が盛んな国だと実感するのは、大統領がほぼ必ず聖書の一節を引用するからです。朝日訳です。

〈聖書にあるように、嘆き悲しむことが一晩続くかもしれませんが、次の朝になれば喜びが来ます〉

ところが、読売訳はこうなっています。

〈夕べは涙のうちに過ごしても、朝には喜びの歌がある〉

これは聖書協会共同訳『旧約聖書』詩編30章からの引用です。朝日も別稿で紹介していますが、やはり演説の日本語訳に聖書の言葉をそのまま盛り込みたいところ。演説のニュアンスが素直に伝わります。

それにしても、日本の総理の演説との格調の差は、どうにかならないものでしょうか。

（2021年1月29日）

身近で論議呼ぶ記事
校則裁判、小さすぎる扱い

新聞記事を読み比べると、同じ新聞社でも東京本社と大阪本社で掲載される記事が違っていたり、扱いに大小の違いがあったりすることに気づきます。全国紙でも紙面に地域性が出るのです。それは当然ですが、どこで起きたニュースでも、私たちに身近だったり論議を呼んだりするテーマであれば、大きく扱ってもいいのではないかと思うのです。

最近では2021年2月17日の朝刊各紙の扱いを見て、その感を深くしました。学校の校則はどこまで認められるのかの裁判の判決が大阪地裁であったのですが、東京版は扱いが小さい社が多かったからです。

どんな裁判だったのか。大阪府立高校の元女子生徒が、「茶髪を黒く染めるよう繰り返し指導され、精神的苦痛を受けたとして」(朝日新聞朝刊より)大阪府に慰謝料を求めたもので、次のような判決でした。

〈判決によると、生徒は2015年4月に入学。同校には「染色・脱色」を禁止する校則があり、教諭らは生徒に黒く染めるよう何度も指導。「黒染めが不十分」として授業への出席や修学旅行への参加を認めないこともあり、生徒は不登校になったとした〉(同紙17日付朝刊)

学校の校則といえば、最近は「ブラック校則」という言葉が生まれるほど、厳格な校則のあり方が問題になり、見直しを始めたところもあります。だから、この裁判はニュースになったのです。

この裁判の原告は、毎日新聞によると「生まれつき髪が茶色なのに、教員から黒く染めるよう再三指導されて」とあります。朝日の記事だと、生徒の髪が生まれつき茶色かどうかが、はっきりしません。もし、生まれつきの黒髪を茶色に染めていたら「茶髪を黒くしろ」という指導に納得する人もいるかもしれません。

毎日だと、生まれつきの髪の茶色を黒に染めるように指導されたことになります。これでは行き過ぎだと思う読者もいるでしょう。

同じ判決なのに、記事の書き方で印象が異なります。

では、この校則は認められるものなのか。朝日の記事を続けます。

〈判決は、校則について、華美な頭髪を制限することで学習や運動に注力させる目的などから合理的と判断し、茶髪に対する社会一般の認識に変化が見られるとしても、校則の合理性に影響しないと述べ、違法性を否定した〉

判決は、この校則の規定を認めたのですね。ただ、学校は不登校になった生徒の名前を学級名簿に掲載しないなど対応に行き過ぎがあったとして、判決は大阪府側に33万円の賠償を命じました。

こうやって新聞を読み比べることで、同じニュースでも書き方が異なることに気づきますが、私が気になったのは、記事の大きさです。

朝日は33面に見出し2段という地味な扱いです。読売は31面に、こちらも2段見出し。毎日は26面に1段の見出し。あまりに扱いが小さく、探すのに時間がかかったほどです。

これに対して日経新聞は40面に4段見出し。この面は、いわゆる第2社会面と呼ばれ、読者の注目度が高い場所です。日経の扱いの大きさが目立ちます。

さらに日経は、この裁判について解説も掲載しています。

〈大阪府立高校の頭髪の黒染め指導を巡る今回の訴訟は、海外メディアが「学校の過剰な注文」と報じるなど国内外で注目され、各地で髪形などを厳格に定める「ブラック校則」を巡る議論の発端だった。

ブラック校則は生徒の外見や行動などを過度に縛る校則を指す。規律を求める教育現場では校則が重んじられてきたが、社会で多様性の尊重が重視されるなか、校則のあり方も問われるようになってきた。（中略）校則見直しの動きも広がっている。大阪府教育庁は今回の提訴を受け、17年に府立高に校則の点検を指示した〉

ここまで書いてこそ、今回の裁判の意味が理解できます。

（2021年2月26日）

おわりに——最近は、お行儀よすぎでは

何事にも始まりがあれば、終わりもあります。14年間にわたって本紙に連載してきた当コラムは、今回をもって終わります。今回は朝日新聞の提案により、読者へのあいさつの機会をいただきました。

単に「これで終わりです」と書くと、疑念を生じてしまうのが、このコラムの宿命だからです。そこであえて説明しますが、コラム終了は、朝日新聞社側の要請ではありません。私自身が70歳を超え、仕事量を減らす一環としての決断です。

仕事の引き際とは、難しいものです。いつまでも働けることはありがたいことです。でも、誰にも老いはやってきます。老いの厄介なところは、自分の思考力や表現力の摩滅に自身は気づきにくいということです。いつの間にか、私のコラ

ムの切れ味が鈍っているのに自身が気づかなくなっているのではないかという恐れから身を引くことにしたのです。いや、そもそも切れ味などなかったと言われるかもしれませんが。

そもそものコラム開始は、2007年4月でした。当時の朝日新聞東京本社夕刊編集部の求めによるものです。「いろんな新聞を読み比べる論評を毎週執筆してほしい。何を書いてもも自由で、内容に関して注文はつけません。朝日新聞の記事の批判も歓迎します」というものでした。なんと太っ腹なことか。朝日新聞の余裕を感じさせましたね。

コラムのタイトルは、どうするか。私の提案で「新聞ななめ読み」と決まりました。たくさんの新聞を読むために、ざっと「ななめに読む」こともあるし、新聞記事を「斜《はす》に構えて」論評することもあるだろうから、という趣旨です。

毎週月曜日の夕刊に掲載が始まりましたが、大阪本社は掲載しませんでした。大阪本社は、東京本社とは編集権が別だからです。

その結果、広島の知人から「こっちの朝日にはコラムが載っていないぞ」と言われることもありました。広島は大阪本社管内です。東京本社が絶対的な力を持っているわけではないことを知り、さすがに大阪発祥の新聞だけのことはあると感心しました。

それはともかく、書くテーマの多くは「朝日新聞の記事が難しすぎる」というものでした。とりわけ経済記事では多く、日本の不動産投資をめぐって「イールドギャップ」という金融用語をそのまま使っていることを批判したこともあります。経済専門紙なら許される表現でも、一般紙は避けた方がいいのではないかという批判を繰り返し展開してきました。

ときには批判の対象になった記事の担当デスクから反論が寄せられ、それへの再批判も合わせて次の週のコラムで取り上げることもしました。

そのうちに、〈朝日新聞の記者は月曜日の夕刊では真っ先に「新聞ななめ読み」に目を通す〉と言われるようになったそうです。自分の記事が俎上《そじょう》に載っていないか気になってのことでしょう。

このコラムは10年3月まで続きましたが、毎週テーマを決めて新聞記事を論評するのは大変な重労働です。そこでやめさせてほしいとお願いしたところ、それでは朝刊のオピニオン面で月1回のコラムとして継続しないかと声をかけていただきました。それなら負担も減ると考え、提案をお受けしました。今度は大阪本社版でも掲載されることになりました。

ところが、14年8月、事件が起きました。朝日新聞が過去の従軍慰安婦報道を検証する特集記事を掲載することになったので、コラムで取り上げて欲しいと要望されたのです。これまでコラムで取り上げるテーマについて注文がつくことはなく、珍しいことではあったのですが、大事なテーマであるだけに、論評することを承諾しました。

朝日の検証記事は、過去に朝日が報道した「済州島で200人の若い朝鮮人女性を『狩り出した』」という吉田証言が虚偽であることを認め、これを報じた朝日の記事を取り消したものです。

これについて私は、なぜ32年間も訂正しなかったのか、間違いを認めたら謝罪すべきではないか。検証することと自体は評価するが、遅きに失したのではないかと批判するコラムの原稿を送りました。

すると、このコラムの掲載を朝日新聞社の上層部が認めず、掲載されなかったのです。

言うまでもなく新聞に何を掲載するかの編集権は新聞社にあります。私がどうこう言える立場ではありません。しかし、「自由に書いてください」と言われて始めたコラムの内容が気に食わないからという理由で掲載されないのでは、信頼関係が崩れます。そこで私は「掲載するしないは新聞社の編集権の問題ですから、私は何も言いませんが、信頼関係が崩れた以上、コラムの執筆はやめさせていただきます」と申し入れました。

これはあくまで私と朝日新聞社との間の問題であり、私は誰にも口外しなかったのですが、『週刊新潮』と『週刊文春』の知るところとなって報道されました。私のコラムの掲載が認められなかったことを知った朝日新聞社内部の誰かが週刊誌に伝えたのでしょう。

ここから私は嵐に巻き込まれました。各メディアからの取材攻勢を受けたのです。

これをきっかけに、ライバル紙や週刊誌などからの朝日新聞バッシングが始まりましたが、驚いたことに、朝日新聞の記者たちが、次々に実名でツイッターに自社の方針を批判する投稿をするではありませんか。

実名で自社の方針を批判するのは勇気のいることです。自社の記者にツイッターへの投稿を禁止する新聞社もある中で、記者たちに言論の自由を許している朝日の社風に感銘を受けました。多くの記者たちの怒りに励まされる思いでした。

こうした社内の記者たちの怒りの声に押され、朝日新聞は誤りを認めて、私のコラムは掲載されました。

しかし、この騒動で朝日に愛想を尽かした読者もいたようで、朝日の購読者数が大きく減るきっかけになりました。

このときは皮肉なことに、朝日たたきに走ったライバル紙も部数を減らしました。朝日新聞を批判するチラシをつくって各戸に配布し、自社の購読を勧める新聞社も出てきたほどですから、連日のように朝日を批判する記事を読まされ、動機が不純だと不快に思った他紙の読者もいたのでしょう。

結果、新聞業界全体に打撃を与えることになりました。

この嵐の中で、私は朝日新聞の自浄努力を注視していました。新聞社の「編集権」は誰が行使するのかを明確にしたり、社の内外からの批判を紙面づくりに生かす仕組みを構築したりと、社内の改革の努力を始めていたからです。

その後、朝日は記事内容を社の内外の人たちがチェックするパブリックエディター制度を導入しました。

また、記事の訂正もどんどん掲載するようになりました。ここで注目すべきは、単に「訂正します」ではなく、なぜ誤報をしたのか、その理由まで記すようになったことです。

私もNHKで32年間にわたって記者をしてきましたから、間違いを訂正することが、どれだけ恥ずかしく、また勇気がいることかよくわかります。それでも誤報を知らん顔せずに率直に訂正記事を掲載することになったのは、大きな進歩だと思います。

朝日は大きな間違いを犯しましたが、誤りを認め、二度と誤りを繰り返さない体制づくりを進めたことを評価し、私は連載を再開することにしました。再開を喜んでくださった読者が大勢いると聞いたことは、その後の執筆の励みになりましたし、重圧にもなりましたが。

こんなことがあったものですから、その後、私としてはコラムの執筆をやめると言い出せず、ここまで来てしまいました。

掲載拒否騒動から6年半。その後の朝日の紙面を見る限りでは、なんだか〝お行儀〟がよくなり過ぎた気がします。外部からの批判に耳を傾けることは必要ですが、気にし過ぎると、批判すべき対象への批判の矛先が鈍ったり、何が何でも特ダネを取るのだという意欲が薄れてしまったりする恐れがあるように思えます。

最近の総務省の会食接待問題をめぐる『週刊文春』の特ダネ連打を見ると、新聞社は何をしているのだと苦情を言いたくもなろうというものです。

『週刊文春』が何者にも忖度《そんたく》しないで特ダネを連発してきた結果、編集部にさまざまな情報が集まるようになっていると聞きます。新聞社だって読者の信頼を得られれば、もっと情報が寄せられるのではないでしょうか。『週刊文春』に特ダネを連発されてしまうことを屈辱と考えて頑張ってほしいのです。

今月で私のコラムは終了しますが、新聞各社の記者諸氏は、どうか記者としての矜持《きょうじ》を大事にしながら、常に自分の記事を読者の視線で点検することを忘れないでほしいと思います。コラムは終わっても、私の「新聞ななめ読み」は続きますから。

2021年3月26日

本書は、2019年11月、小社より単行本『考える力と情報力が身につく　新聞の読み方』として刊行された作品を、加筆・修正のうえ文庫化したものです。

第二章以降は、朝日新聞で連載した「池上彰の新聞ななめ読み」の2016年10月～2021年3月掲載分から抜粋し、編集・加筆修正したものです。

一〇〇字書評

切り取り線

購買動機（新聞、雑誌名を記入するか、あるいは○をつけてください）

- □（　　　　　　　　　　）の広告を見て
- □（　　　　　　　　　　）の書評を見て
- □ 知人のすすめで
- □ タイトルに惹かれて
- □ カバーがよかったから
- □ 内容が面白そうだから
- □ 好きな作家だから
- □ 好きな分野の本だから

●最近、最も感銘を受けた作品名をお書きください

●あなたのお好きな作家名をお書きください

●その他、ご要望がありましたらお書きください

住所	〒				
氏名		職業		年齢	
新刊情報等のパソコンメール配信を 希望する・しない	Eメール	※携帯には配信できません			

あなたにお願い

この本の感想を、編集部までお寄せいただけたらありがたく存じます。今後の企画の参考にさせていただきます。Eメールでも結構です。

いただいた「一〇〇字書評」は、新聞・雑誌等に紹介させていただくことがあります。その場合はお礼として特製図書カードを差し上げます。

前ページの原稿用紙に書評をお書きの上、切り取り、左記までお送り下さい。宛先の住所は不要です。

なお、ご記入いただいたお名前、ご住所等は、書評紹介の事前了解、謝礼のお届けのためだけに利用し、そのほかの目的のために利用することはありません。

〒一〇一-八七〇一
祥伝社黄金文庫編集長　栗原和子
☎〇三（三二六五）二〇八四
ohgon@shodensha.co.jp

祥伝社ホームページの「ブックレビュー」からも、書けるようになりました。
www.shodensha.co.jp/bookreview

祥伝社黄金文庫

新聞《しんぶん》は考《かんが》える武器《ぶき》になる
——池上流《いけがみりゅう》新聞《しんぶん》の読《よ》み方《かた》

令和5年6月20日　初版第1刷発行

著　者　池上《いけがみ》　彰《あきら》
発行者　辻　浩明
発行所　祥伝社《しょうでんしゃ》
〒101－8701
東京都千代田区神田神保町3－3
電話　03（3265）2084（編集部）
電話　03（3265）2081（販売部）
電話　03（3265）3622（業務部）
www.shodensha.co.jp

印刷所　萩原印刷
製本所　積信堂

　ISBN978-4-396-31840-6 C0130

好評既刊

単行本

池上 彰

もっと深く知りたい！
ニュース池上塾

政治問題から国際関係まで、池上さんが思わず感心した高校生の疑問30本。

新書

池上 彰

世界から戦争がなくならない本当の理由

なぜ、戦争はなくならないのか？「戦争のない世界」は訪れるのか。日本と世界の戦後を振り返る。

祥伝社